- DIPLOMICA -
BAND 8

Herausgegeben von Björn Bedey

*Kapitänleutnant
Hellmuth von Mücke*

Marineoffizier-Politiker-Widerstandskämpfer.
Ein Leben zwischen den Fronten

von

Andreas Hofer

Tectum Verlag
Marburg 2003

Die Reihe *diplomica* ist entstanden aus einer Zusammenarbeit der Diplomarbeitenagentur *diplom.de* und dem *Tectum Verlag*. Herausgegeben wird die Reihe von Björn Bedey.

Hofer, Andreas:
Kapitänleutnant Hellmuth von Mücke.
diplomica, Band 8
/ von Andreas Hofer
- Marburg : Tectum Verlag, 2003
ISBN 978-3-8288-8564-6

© Tectum Verlag

Tectum Verlag
Marburg 2003

Vorwort _____ 5
1. Der Marineoffizier _____ 7
   1.1. Herkunft und Familie _____ 7
   1.2. Der Werdegang in der Kaiserlichen Marine bis zum
        Ersten Weltkrieg _____ 8
   1.3. Kriegsausbruch und die Kaperfahrt der Emden _____ 11
   1.4. Der Landungszug der Emden und die Fahrt der Ayesha ____ 16
        Exkurs: Der Kriegsschauplatz Naher Osten im Jänner 1916 ___ 21
   1.5. Der Marsch durch Arabien und die Ankunft in Konstantinopel ___ 23
   1.6. Diplomatisches Nachspiel in der Heimat 1915 _____ 28
   1.7. Kommando am Euphrat 1916 und bei der Donauflottille 1917 __ 33
   1.8. Matrosenrevolte in Wilhelmshaven und das Ausscheiden
        aus der Marine _____ 37
2. Der Politiker 1919 bis 1929 _____ 41
   2.1. Politische Prägung nach der Novemberrevolution _____ 42
   2.2. Der Eintritt Hellmuth von Mückes in die NSDAP _____ 47
   2.3. Vortragsreise in die Vereinigten Staaten _____ 50
        Exkurs: Der Hitler Putsch 1923 und das Verbot der NSDAP _____ 52
   2.4. Fraktionsvorsitz in Sachsen _____ 54
        Exkurs: Die zweite Gründung der NSDAP _____ 58
   2.5. Politiker und Publizist _____ 59
   2.6. Die Krise in Sachsen _____ 62
3. Der Hitler-Gegner _____ 64
   3.1. Im Kampf gegen den Nationalsozialismus _____ 64
        Exkurs: Nationalbolschewismus in Deutschland _____ 65
   3.2. Das Ende der Weimarer Republik _____ 67
   3.3. Berufsverbot und Widerstand im Dritten Reich _____ 69
   3.4. Die letzten Lebensjahre _____ 71
4. Nachwort _____ 74
Zeittafel _____ 77

5. Quellen- und Literaturangaben _____ 80
Ungedruckte Quellen _____ 80
Gedruckte Quellen _____ 80
Literatur _____ 82
Nachschlagwerke _____ 85
Zeitungen _____ 85
Internet _____ 85

Abbildungen _____ 86

VORWORT

Das Thema der hier vorliegenden Arbeit ist die Biographie eines ungewöhnlichen Menschen. Das Leben des Hellmuth von Mücke könnte aus der Feder eines Marineschriftstellers wie Alexander Kent oder Cecil Scott Forrester stammen. Es begann mit einer kurzen aber erfolgreichen Kaperfahrt mit dem leichten Kreuzer „Emden" am Anfang des Ersten Weltkrieges durch die Weiten des indischen Ozeans. Hellmuth von Mücke diente als Erster Offizier an Bord der „Emden", die Fahrt verlief ganz im Stile der französischen Freibeuter des 18.und 19. Jahrhundert.[1]

In weiterer Folge eine waghalsige Flucht: Zuerst mit einem altersschwachen Segelschiff, und dann mit einem Dampfer über den indischen Ozean. Es folgte ein strapaziöser Zug durch die arabische Halbinsel bis nach Konstantinopel. Nur durch die außerordentliche Menschenführung Hellmuth von Mückes war der Marsch durch die Wüsten Arabiens und die glückliche Heimkehr möglich. Es folgten weitere Einsätze am Euphrat und am Balkan. In der Zeit der Matrosenrevolte von 1918 war Hellmuth von Mücke aktiv beteiligt. Auch beim Kapp-Putsch spielte er eine Rolle. In der Weimarer Republik war Hellmuth von Mücke erfolgreicher Politiker im sächsischen Landtag und eine Zeitlang Mitglied der NSDAP. Aufgrund unüberbrückbarer Gegensätze mit Hitler wurde Mücke ab 1929 zu einem der striktesten Gegner der Nationalsozialisten. Er zog sich gänzlich ins Privatleben zurück hielt Reden und verfasste politische Schriften gegen die Nationalsozialisten. Nach der Machtübernahme der NSDAP war der Kriegsheld Mücke als „Nationalbolschewist"[2] verdammt und sogar kurze Zeit inhaftiert. In den Jahren 1933 bis 1945 wurde der berühmte Seeheld totgeschwiegen. Nach dem Ende des Dritten Reiches widmete sich Mücke der Friedensarbeit. Sein leidenschaftliches Eintreten gegen eine Wiederbewaffnung der Bundesrepublik Deutschland brachte Hellmut von Mücke wiederholt Schwierigkeiten ein. Er geriet in den Verdacht kommunistischer Gesinnung.

Das Aberkennen seiner Rente und sogar die zwangsweise Psychiatrierung wurde von Mücke angedroht. Doch bis zu seinem Tode im Jahre 1957 blieb er bei seiner patriotisch, kompromisslosen Haltung. Wer war dieser Hellmuth von Mücke ?

In meiner Arbeit möchte ich das Schicksal dieses ungewöhnlichen und aufrechten Mannes darstellen. Einige seiner Handlungen waren von Idealismus und auch von einer gewissen Weitsicht bestimmt. Schon früher als so mancher andere Zeitgenosse sah Hellmuth von Mücke wohin der Weg Hitlers

---

1 Stellvertretend seien hier nur die Namen Jean Bart und Robert Surcouf angeführt, vgl. A.T. Mahan, Der Einfluss der Seemacht auf die Geschichte. Bielefeld 1967 S. 87.
2 Ausführliche Erklärung des Nationalbolschewismus auf den Seiten 74-76 dieser Arbeit.

führen würde. Im Gegensatz vielen frühen Parteigängern der NSDAP, welche in der Bundesrepublik zu Ehren kamen, wurde Hellmuth von Mückes mutige Opposition zum Nationalsozialistischen Regime einfach vergessen. Für gewisse Leute ist eine solche Haltung unbequem. Wirkliche Haltung und Standhaftigkeit wird nicht honoriert, der „Wendehals" schlüpft eben leichter durch die Zeiten.

Die Schwierigkeiten beim Abfassen dieser Arbeit war das äußerst spärliche vorhandene Material. Ein großer Teil der von Hellmuth von Mücke verfassten Schriften, Flugblätter etc. sind verschollen.

Diese Arbeit wäre nicht möglich gewesen ohne, die freundliche Unterstützung des Sohnes Hellmuth von Mückes, Herrn Dirk von Mücke und seiner Frau Renate. Ihnen beiden gebührt mein aufrichtiger Dank. Ganz besonderen Dank gebührt meiner langjährigen Freundin Judith. Sie hat mit unerschütterlicher Geduld die Arbeit begleitet und unterstützt. Ihr ist dieses Buch gewidmet.

1. DER MARINEOFFIZIER

1.1. Herkunft und Familie

Kurt Hellmuth von Mücke, so lautete sein vollständiger Name wurde am 25. Juni 1881 als Sohn des sächsischen Hauptmanns und späteren kaiserlichen Beamten Kurth und Luise von Mücke, in Zwickau in Sachsen geboren. Hellmuth wurde evangelisch-lutheranisch getauft. Sein Vater starb 1886 an den Spätfolgen einer im Deutsch-Französischen Krieg (1870-1871) zugezogener Verletzung. Hellmuth von Mückes Mutter Luise, eine geborene Alberti, stammte aus einer alten Bremer Kaufmannsfamilie. Nach dem Tode ihres Ehemannes heiratete Luise von Mücke ein zweites Mal. Die Vorfahren väterlicherseits waren durchwegs Offiziere oder Staatsbeamte. Die Familie von Mücke stammte aus der sächsischen Lausitz. Den Adelstitel hatten sie 1806 von Kaiser Franz II. erhalten.[3]

Das Familienmajorat, das Rittergut Nieder-Rennersdorf in der Oberlausitz, war zwei Generationen vorher an eine Seitenlinie gefallen. Hellmuth von Mücke hatte zwei Brüder, Kurt und Fritz. In ihren Kinder und Jugendtagen waren sie, aufgrund ihrer zahlreichen Streiche als die „drei Junker" bekannt. Hellmuth von Mücke besuchte das humanistischen Gymnasium in Dresden. Nach seiner nicht gerade glücklichen Schulzeit, entschied sich Hellmuth von Mücke nach seinem Abitur für die Laufbahn eines Marineoffiziers. Zu dieser Zeit war die Marinebegeisterung in Deutschland hoch. Bereits Mitte der neunziger Jahre hatte in Deutschland unter der Leitung des Großadmirals Alfred von Tirpitz ein massives Flottenbauprogramm begonnen. 1899 erschien erstmals das „Jahrbuch für Deutschlands Seeinteressen. Es gab zahlreiche Flottenvereine und Kaiser Wilhelm II. förderte intensiv den Flottenbau.

---

3 Christian Siegfried von Mücke (1744-1818), Leutnant der königlich polnischen Kronarmee wurde am 8. April 1806 von Kaiser Franz II. in den erblichen Reichsadelstand erhoben. Diese Ernennung war eine der letzten des Römisch Deutschen Kaisers. Am 6. August 1806 verzichtete Kaiser Franz II. unter dem Druck Napoleons auf die Kaiserkrone. Es war das Ende des Heiligen Römischen Reiches Deutscher Nation. Vgl. Rittergut und Reichsadelsstand für die Familie von Mücke. Dokumente zur Familiengeschichte ab 1792.

1.2. Der Werdegang in der Kaiserlichen Marine bis zum Ersten Weltkrieg

Im April 1900 trat Hellmuth von Mücke als Seekadett in die kaiserliche Marine ein. Im Winter 1900/01 machte er auf dem Schulschiff „Charlotte" eine Ausbildungsfahrt in das Mittelmeer. Die kaiserliche Marine bildete die Seekadetten und Schiffsjungen auf sogenannten gedeckten Korvetten, zirka 82 Meter langen Vollschiffen mit 2210 qm Segelfläche aus. Insgesamt waren fünf Schulschiffe, nämlich die „S.M.S. Moltke", „S.M.S. Stosch", „S.M.S." Stein", „S.M.S. Gneisenau" und die „S.M.S. Charlotte" im Dienst. Diese Schiffe unternahmen regelmäßige Ausbildungsreisen zur Schulung ihrer Crew. [4]

Auf den Schulschiffen erlernten die Kadetten die Grundlagen der Seemannschaft, die das Fundament ihres zukünftigen Lebens in der Marine war. In erster Linie lernten sie das rein Praktische des Seemannberufes. Mit Ausnahme derjenigen Verrichtungen, welche nicht direkt zum seemännischen Fach gehörten, mussten die Kadetten genau die gleichen Arbeiten machen wie die Matrosen.

Das Prinzip dieser umfassenden Ausbildung war, dass die zukünftigen Seeoffiziere jede Arbeit welche auf einen Schiff vorkommt, kennenlernten. Später als Vorgesetzte waren mit sie mit der Arbeit der Matrosen durch eigene Erfahrung vertraut. Der Offizier war somit in der Lage jede Arbeit, sowie die dazu notwendige Zeit beurteilen zu können. Damit konnte er sich bei der Mannschaft den notwendigen Respekt verschaffen. Auf einem Schiff war, und ist auch heute noch die Disziplin und das Vertrauen zum Vorgesetzten unerlässlich. [5]

Im April 1901 wurde Hellmuth von Mücke zum Fähnrich zur See befördert und besuchte danach die Marineschule in Kiel. Dort erhielten die zukünftigen Offiziere eine ordentliche theoretische Ausbildung. Auch eine praktische Verwendung auf einem Artillerieschulschiff, sowie auf einem Torpedoschulschiff waren ein Bestandteil der Ausbildung.

---

4   Charlotte: Die gedeckte Korvette-Ersatz Viktoria, Eisenbau Vollschiff 23 00 m² Segelfläche, später Bark mit 1580 m² Segelfläche. 3288/3763 Tonnen, Länge : 87, 80 m, Tiefgang 6,90m. Maschine: zwei 2-Zylinder 2fach Expansionsmaschinen 2x 600 PS, Geschw. 11 Knoten, Besatzung 506,später 495 Mann (einschließlich 50 Seekadetten und 230 Schiffsjungen) erbaut in der kaiserlichen Werft Wilhelmshaven. Stapellauf am 5. 9. 1886 Umbau in Kiel. 1888/89 im Ausland, 1897-1909 Schulschiff der kaiserlichen Marine, außer Dienst gestellt am 26. 5. 1909, 1921 verkauft. Vgl. Gerhard Koop, Die deutschen Segelschulschiffe, Bonn 1989 S.11-16.

5   Viktor Lauerrenz, Deutschland zur See. Bilder aus dem deutschen Kriegsschiffleben. Berlin o.J. S. 70,71.

Nachdem Fähnrich zur See Hellmuth von Mücke die Artillerie- und Torpedo Spezialkurse absolviert hatte, erhielt er auf dem Linienschiff Kaiser Friedrich III. sein erstes Bordkommando. Im September 1903 erfolgte die Beförderung zum Leutnant zur See. Am 1. Oktober wurde Mücke Wachoffizier auf dem Kleinen Kreuzer Nymphe. 1904 wurde er Oberleutnant und Kompaniefführer bei den Schultorpedobooten. 1907 war Mücke bereits Erster Offizier bei der 3. Torpedoboots-Reserve-Halbflottille, und 1908 Flaggleutnant beim Befehlshaber der Aufklärungsstreitkräfte. 1909 wurde Mücke der Königlich-Preußische Kronenorden IV. Klasse verliehen. Im April 1912 erfolgte die Beförderung zum Kapitänleutnant. Er wurde Kommandant des Flottillenführerbootes S 149 bei der ersten Torpedobootsflottille.

Die Dienstbeurteilungen der Vorgesetzten lassen das spätere Profil von Hellmuth von Mücke klar erkennen und kehren seine Eigenwilligkeit hervor. So stehen in der Dienstbeurteilung über den Flaggleutnant Hellmuth von Mücke vom Jahre 1910 die folgenden handschriftlich verfassten Bemerkungen:

„Hat seine Stellung als Flaggleutnant der Flottille hervorragend ausgefüllt. Strafe: August 1910: Strenger Verweis weil Lt. v. Mücke einen älteren Offizier die schuldige Achtung verweigert hat. Gez. Von Restorff.

Im allgemeinen einverstanden. Hat als Leutnant zufriedenstellendes geleistet, es aber an der nötigen Gleichmäßigkeit und der Stetigkeit seines Fleißes fehlen lassen."[6]

Bei seiner Beförderung 1912 zum Kapitänleutnant wurde Hellmuth von Mücke mit der Note „gut" beurteilt:

„Admiralitätsstellung mangels Praxis auf großen Schiffen und wegen nicht völliger Gesundheit noch nicht ausgestellt. Wird sich später vielleicht zum Admiralitätsoffizier eignen. Als Torpedobootsreferent gut beurteilt."[7]

Im Herbst 1912 wurde Hellmuth von Mücke Admiralstabsoffizier beim Dritten Admiral der Aufklärungsstreitkräfte.[8]

---

6 Bundesarchiv Freiburg, BA-MA-RM 2/837
7 RM 2/837.
8 R.K. Lochner, Die Kaperfahrten des Kleinen Kreuzers Emden. München (1980) S.443.

Der Dienst in der Heimat bot einem jungen, tatendurstigen Offizier wie es Hellmuth von Mücke war, wenig Abwechslung. Um der täglichen Routine zu entgehen, meldete er sich für eine Auslandsverwendung in Übersee. Das Kaiserliche Deutschland hatte einige Kleine Kreuzer zum Schutz der Überseeverbindungen zu den Kolonien, im indischen und im pazifischen Ozean stationiert.

Die Kleinen Kreuzer waren aufgrund ihrer leichten Bauweise und der relativ starken Bewaffnung sehr gut geeignet die Interessen Deutschlands in den Kolonien zu vertreten. An einen möglichen Kaperkrieg auf den Weltmeeren dachte man kaum.

Im Herbst 1913 kam Hellmuth von Mücke nach Ostasien als Navigationsoffizier auf den Kleinen Kreuzer „Emden". Mücke gewöhnte sich rasch an das Leben in Übersee. Der Dienst auf dem Kleinen Kreuzer war für ihn eine neue Herausforderung. Heute mag der Begriff „Kreuzer" vor allem die Vorstellung von schicken Kreuzerjachten, Urlaubskreuzfahrtschiffen und Seenotkreuzer wecken. Im Jahr 1914 bezeichnete es ein schnelles, leicht gepanzertes und bewaffnetes Kriegsschiff, das nicht für den Kampf in der Gefechtslinie einer Seeschlacht bestimmt war, sondern in erster Linie zur Aufklärung und zur Torpedobootabwehr diente. Eine weitere Funktion war die als militärischer Repräsentant des eigenen Landes. Frei nach den Worten von Admiral Nelson: „Kriegsschiffe sind die besten Diplomaten." [9]

Für den Einsatz der deutschen kleinen Kreuzer wurde besonderer Wert auf eine hohe Geschwindigkeit gelegt. Die britischen Kleinen Kreuzer waren den Deutschen Schiffen an Geschwindigkeit unterlegen. Allerdings war der Kleine Kreuzer „Emden" in der Bewaffnung den britischen Kreuzen mit ihren 15-cm Geschützen unterlegen. (Die Deutschen Kreuzertypen trugen zumeist 10,5-cm Geschütze).

Der Kleine Kreuzer „Emden" stand unter dem Kommando von Fregattenkapitän Karl von Müller.[10] Die „Emden" stammte aus der kaiserlichen Werft in Danzig, der Stapellauf war der 26. Mai 1908 und ab 1910 war die „Emden" im Auslandsdienst in Ostasien.[11]

---

9 Lochner, S. 31.
10 Fregattenkapitän Karl von Müller (1873-1923). Für seine erfolgreiche Kreuzerkrieg-Führung erhielt er den Orden «Pour le Merit». Er war einer der beliebtesten Kommandanten der kaiserlichen Marine. Sein Geschick, sein Mut und seine Ritterlichkeit brachten ihm Weltruhm ein. Die Patenstadt Emden verlieh ihm die Ehrenbürgerrechte. Eine „Karl von Müller „ Kaserne der Bundeswehr befindet sich heute in Emden. Vgl Lochner, Die Kaperfahrten des Kleinen Kreuzers Emden S. 428-432. Karl Parz, Der Kommandant der Emden Berlin 1939.
11 S.M.S. Kleiner geschützter Kreuzer Emden. Wasserverdrängung 3650 Tonnen, Länge 117,9 Meter, Breite 13,5 Meter, Tiefgang 5,1 Meter, Geschwindigkeit 24,5 Seemeilen. Bewaffnung: Zwölf 10,5 Zentimeter, vier 5,25 Zentimeter Kanonen,

Die „Emden" hatte auf Grund ihres weißen Anstriches den Beinamen „Schwan des Ostens", und gehörte zum Ostasiengeschwader unter dem Kommando von Vizeadmiral Maximilian Graf von Spee. Diese Flottenabteilung hatte den Auftrag die deutschen Kolonien in Ostasien und der Südsee zu schützen. Im Kriegsfalle sollte das deutsche Ostasiengeschwader einen Handelskrieg gegen den jeweiligen Gegner führen. Der Stützpunkt des Flottengeschwaders war der an der Nordchinesischen Küste gelegene Hafen von Tsingtau im deutschen Pachtgebiet von Kiautschou.

Im Februar 1914 ging die „Emden" das Schwimmdock der kaiserlichen Werft von Tsingtau. Die Kessel und Maschinen wurden einer Generalüberholung unterzogen und der Anstrich des Schiffes wurde erneuert.

Während der Liegezeit in Tsingtau stießen zwei aus Indochina desertierte Fremdenlegionäre zur „Emden-Besatzung".

Einer der beiden Legionäre, der in Nordafrika gedient hatte, sollte später dem Landungszug unter Kapitänleutnant von Mücke gute Dienste erweisen. Nur er wusste, wie man mit Kamelmist Feuer macht.

Am 2. Juni 1914 wurde ein Teil der „Emden -Mannschaft" turnusmäßig abgelöst. Kapitänleutnant Hellmuth von Mücke war anstelle des abgelösten Kapitänleutnant Peuer vom Navigationsoffizier zum Ersten Offizier (I.O.) aufgerückt.[12]

1.3 Kriegsausbruch und die Kaperfahrt der Emden

Im Juni 1914 lag der Kleine Kreuzer „Emden" im Hafen des deutschen Stützpunktes Tsingtau am Chinesischen Meer. Kurz vor Ausbruch des Ersten Weltkrieges, Ende Juli 1914 kreuzte die „Emden" im Gelben Meer zwischen China und der Halbinsel Korea.

Zu Beginn des Ersten Weltkrieges waren die im Ausland befindlichen deutschen Kreuzer völlig auf sich alleine gestellt.

Sie hatten weder die Möglichkeit ihre Munitionsvorräte zu ergänzen, noch verfügten sie über eigene Kohleversorgung oder über Docks für notwendige Instandsetzungsarbeiten. Den Kommandanten der Auslandskreuzer war vollkommen bewusst, dass sie früher oder später dem Feind zum Opfer fallen würden. Die Lage konnte man als fast aussichtslos bezeichnen. Hauptgegner war die weit überlegene Royal Navy.[13]

---

zwei Maschinenkanonen und zwei Torpedo-Lancierrohren unter Wasser. Die Emden war der letzte mit Kolbenmaschinen ausgerüstete Kleine Kreuzer der Kaiserlichen Marine. Vgl. Lochner, Die Kaperfahrten des Kleinen Kreuzers Emden, S. 64.

12 Ebenda, S.17.
13 Lochner, S. 23.

Auf einen Krieg mit Großbritannien, war die deutsche Marine nicht vorbereitet. Seit Nelsons Sieg 1805 bei Trafalgar herrschte auf See der Zustand, den man als „Pax Britannica" bezeichnete. Nach der japanischen Kriegserklärung am 23. 8. 1914 kam die moderne und kampferfahrene japanische Marine als Gegner hinzu.

In seinem Buch „Emden" schildert Hellmuth von Mücke die Wirkung des Kriegsausbruches auf die Mannschaft und ihm selbst:

> *„Es war am 2. August 1914 nachmittags gegen 2 Uhr mitten im Gelben Meer als Fregattenkapitän Karl von Müller, der Kommandant der Emden auf der Hütte erschien, in der Hand einen Zettel wie er für funktelegraphische Meldungen benutzt wird. Erwartungsvoll hingen 600 Augen an den Lippen des Kommandanten als er begann:*

> *„Es ist soeben folgender Funkspruch von Tsingtau eingetroffen: Seine Majestät der Kaiser haben am 1. August die Mobilmachung der gesamten Marine und des Heeres befohlen.*

Infolge Überschreitens der deutschen Grenze durch russische Truppen befindet sich das Reich im Kriegszustand mit Rußland und Frankreich. Drei Hurras auf S. M. den Kaiser brausten hallend über die weite Fläche des gelben Meeres. Dann rief der Befehl. Klar Schiff zum Gefecht jedem auf seinen Posten." Da war also der Krieg. Kurze Zeit später erhielt die Mannschaft die Nachricht von der Kriegserklärung Englands an das Deutsche Reich. Einige Tage danach traf das Ultimatum Japans ein.[14]

Somit befand sich das kleine deutsche Geschwader in Ostasien in feindliche Gewässer. Es war anzunehmen, dass die englischen und japanischen Schiffe gemeinsam gegen die Deutschen Besitzungen in Ostasien vorgehen würden.[15]

Nach Kriegsausbruch operierte die „Emden" vorerst vom deutschen Schutzgebiet Tsingtau aus. Gleich in der ersten Kriegsnacht gelang es der „Emden" den ersten feindlichen Dampfer aufzubringen. Es war der russische Dampfer „Rjesan". Er wurde als Hilfskreuzer ausgerüstet und unter dem Namen „Cormoran" in Dienst gestellt. Nach kurzem Zusammentreffen mit dem ostasiatischen Kreuzergeschwader unter Vizeadmiral Graf Spee erhielt die „Emden" am 13. August 1914 den Befehl zur selbständigen Kreuzerkriegführung im Indischen Ozean In Begleitung der „Emden" befand sich der Kohledampfer Markomannia.

---

14   Hellmuth von Mücke, Emden, Ayesha, Berlin 1915 S. 6.
15   Hellmuth von Mücke, Emden, Ayesha, S,6,7.

Am 22. September 1914 erfolgte die Beschießung der Hafenanlagen und Öltanks von Madras. Fregattenkapitän von Müller war bemüht nur militärisch wichtige Ziele zu treffen. Durch die gezielten Treffer der „Emden" konnte ein Großteil der Öltanks zerstört werden.

Das plötzliche Erscheinen der „Emden" vor Madras sorgte für erhebliche Aufregung in Britisch-Indien. In den einfachen indischen Volkskreisen wurden dem Kreuzer „Emden" geradezu übernatürliche Kräfte beigemessen. [16]

Am 28. Oktober nahm die „Emden" die Hafenanlagen von Penang, an der Malakkastraße unter Beschuß. Dabei wurden der russische Kreuzer „Schemtschug" und der französische Zerstörer „Mousquet" versenkt.

Achtzehn alliierte Kriegsschiffe beteiligten sich an einer Suchaktion, um die „Emden" aufzuspüren. Doch der Kleine Kreuzer entging den Verfolgern, und setzte seine erfolgreiche Kaperfahrt fort.

Die Kaperung der feindlichen Dampfer beschreibt Kapitänleutnant von Mücke mit folgenden Worten:

> „In den nächsten Tagen blühte unser Geschäft. Es spielte sich folgendermaßen ab: Wenn ein Dampfer kam, wurde er zum Stoppen gebracht und ein Offizier mit etwa 10 Mann an Bord geschickt. Diese machten den Dampfer fertig zum versenken und gaben die notwendigen Anordnungen für das Vonbordgehen der Passagiere usw. Während wir damit beschäftigt waren tauchte in der Regel schon die nächste Mastspitze über den Horizont auf. Wir brauchten uns gar nicht zu beeilen. Die Dampfer kamen ganz alleine auf uns zu. Wenn der nächste Dampfer nahe genug herangekommen war, fuhr die „Emden" ihm entgegen., machte ihm ein freundliches Signal, was ihn veranlasste, sich zu unserem ersten gekaperten Dampfer zu begeben.

Dann ging wieder ein Offizier und einige Mann an Bord, machte den Dampfer klar zum Versenken, gab die nötigen Anordnungen für Vonbordgehen der Passagiere usw., und wenn dies geschehen war, tauchte die dritte Mastspitze schon auf. „Emden" fuhr wieder entgegen, und das neckische Spiel wiederholte sich. So haben wir zeitweise fünf bis sechs Dampfer auf einem Fleck gehabt."[17]

Für die Versorgung der „Emden'" mit Kohle, Lebensmitteln, Gebrauchsartikel, Tabak usw. war die Aufbringung der Schiffe von kriegswichtiger Bedeutung. In der Tat war die Kohleversorgung das größte Problem. Ein Kreuzer wie die „Emden" hatte eine normale Bunkerkapazität von 790 Tonnen.

---

16   Noch heute bezeichnet in der tamilischen Landessprache das Wort „emden" einen listigen, klugen Mann. Vgl:.Beer/Debelius, S.M.S. Emden S.66.
17   Mücke, Emden. S. 27.

Bei einem Kohlevorrat von über 1000 Tonnen litt das Bordleben und die Gefechtstüchtigkeit des Schiffes. Bei ökonomischer Fahrt lag die Seeausdauer des Kreuzers bei rund 20 Tagen und einer Strecke von 5700 Seemeilen. Bei forcierter Höchstfahrt reichte die Kohle nur für zwei Tage und 1200 Seemeilen.[18]

Die „Emden" konnte nur durch Selbstversorgung die Kampfkraft aufrechterhalten. Kapitänleutnant von Mücke war als I.O. für die logistische Versorgung des Kleinen Kreuzers verantwortlich.

Aufgrund des beschränkten Platzangebot an Bord der „Emden" musste von Mücke sorgfältig auswählen welche Dinge an Bord kamen und welche mit dem aufgebrachten Dampfer versenkt werden konnten.

Am frühen Morgen des 9. November 1914 lief die „Emden" die Keeling Islands (Cocos-Keeling -Inseln), einer australischen Inselgruppe im Indischen Ozean an.

Ihre Absicht war, die Kabelstation auf Direction Island, der nördlichsten Insel des Archipels, zu zerstören. Von Direction Island gingen drei Kabelstränge aus. Eine Leitung führte nach Mauritius, eine andere nach Batavia und der dritte Strang ging nach Perth in Australien. Die Station war die letzte direkte Verbindung zwischen dem englischen Mutterland und Australien.

Sie zu zerstören wurde daher als wichtige militärische Aktion betrachtet. Im Gegensatz zu allen bisherigen Unternehmungen der „Emden" musste diesmal ein Landungskommando von Bord geschickt werden. Es sollte die auf der Insel befindlichen Anlagen der wichtigen Kabel und Funkstation zerstören. Um 6.30 Uhr ankerte der Kreuzer in Port Refuge, dem Ankerplatz vor Directions Island. Der klarstehende Landungszug ging in die Boote und fuhr auf Land zu. Befehlshaber des Landungskommando war Kapitänleutnant von Mücke. Der Auftrag lautete : „Die Funk- und Kabelstation auf Direction Island zu zerstören". Da mit Widerstand gerechnet werden musste, wurde Vorsoge getroffen, dass der Landungszug möglichst stark auftreten konnte.

Die vier an Bord vorhandenen Maschinengewehre wurden mitgenommen. Es wurde ein Zug in der Stärke von 50 Mann zusammengestellt. Mehr Mannschaftsmitglieder konnte die „Emden" bei ihrer geringen Besatzungsstärke nicht abgeben.[19]

Um 06.30 Uhr machte Kapitänleutnant von Mücke dem Kommandanten folgende Meldung: „Melde gehorsamst Landungszug in der Stärke von drei Offizieren, sechs Unteroffizieren und einundvierzig Mann von Bord".

In zwei Kuttern, geschleppt von der Dampfpinasse machte der Landungszug an einer kleinen Brücke der inneren Lagune fest. Kurze Zeit später waren das Telegraphengebäude und die Funkstation besetzt. Der Funkstation ge-

---

18 Karl Theo Beer, Helmuth Debelius, S.M. S. Emden. Hamburg 2001 (2. Aufl.) S. 45.
19 Mücke, Emden. S. 91.

lang es noch den Hilferuf: „Strange warship at the entrace" über den Äther abzusetzen. Aufgefangen wurde er von einem britischen Geleitzug, der in nur 50 Seemeilen Abstand die Inselgruppe passierte. Ein Begleitschiff, der Kreuzer Sydney nahm um 06.50 Uhr Kurs auf Direction Island.

Der Landungszug sprengte den Funkmast, und machte die wichtigen Geräte unbrauchbar. Schwierig erwies sich das Durchtrennen der im Meer laufenden Kabelverbindungen. Während die Männer arbeiteten, erreichte Kapitänleutnant von Mücke von der Emden der Morsespruch „Arbeiten beschleunigen".[20]

Um 09.45 Uhr signalisierte die „Emden" dem Landungszug durch Flaggen und Dampfpfeifensignale sofort an Bord zurückzukehren. Kapitänleutnant von Mücke konnte den Befehl sofort nachkommen, da der Auftrag des Landungszuges erledigt war. Die Engländer hatten keinen Widerstand geleistet.

Als die Boote ein Stück vom Land entfernt waren, sahen die Insassen, dass die „Emden" den Hafen verließ. Sie setzte die Gefechtsflaggen und eröffnete das Feuer auf einen Gegner der von den Booten aus nicht zu sehen war.

Die Landungsboote konnten die mit hoher Geschwindigkeit wegfahrende „Emden" nicht mehr erreichen und mussten nach Direction Island zurückkehren. Der Gegner der „Emden" war der australische leichte Kreuzer „H.M.S.A.S Sydney".[21]

Mit seiner überlegenen, weitreichenden Artillerie, die es ihm erlaubte, außerhalb des Feuerbereichs des deutschen Kreuzers zu bleiben, nahm die „Sydney" die „Emden" unter Beschuß. Es hagelte Treffer auf Treffer auf die „Emden". Nachdem die „Emden" kampfunfähig war, ließ Fregattenkapitän von Müller sein Schiff auf an der Südküste der North-Keeling -Insel auf ein Riff setzen.

Den Überlebenden wollte er damit ermöglichen, sich schwimmend an Land zu retten. Nach erneuten Artillerietreffern der „Syndey" befahl Fregattenkapitän von Müller die Kriegsflagge auf dem bereits völlig zerstörten Schiff zu streichen.[22]

133 Mann der Besatzung sowie die drei chinesischen Wäscher (die in Tsingtau freiwillig an Bord geblieben waren), fielen. Die Bergung der Verwundeten wurde von den Australiern mit großer Sorgfalt und seemännischen Geschick durchgeführt. Fregattenkapitän Karl von Müller und der Rest der Besatzung wurde gefangengenommen.

---

20 Karl-Theo Beer, Helmut Debelius, S.M. S. Emden. Hamburg 2001 (2. Aufl.) S. 93.
21 Leichter Kreuzer Sydney, Stapellauf am 29. 8. 1913, Länge: 139,7 m, Breite 15,2m. Antrieb : 4 Parsons-Turbinen, 12 Yarrow-Kessel. Geschwindigkeit: 25,5 Knoten. Bewaffnung 8 Sk-15,2 cm, 4 Geschütze 7,6 cm, „ TR-50cm, Kommandant Kapitän z. See John A. Glossop, vgl. Beer /Debelius, S.M. S. Emden S. 85.
22 Lochner, S.244.

Die Australier behandelten den geschlagenen Gegner mit allen Ehren. Die Versorgung der Verwundeten durch die Australier war beispielhaft. Viele verdankten ihnen das Leben. Die Gefangenen wurden zuerst nach Colombo und von dort in ein Kriegsgefangenenlager nach Malta gebracht. Insgesamt brachte der Kleine Kreuzer „Emden" während seiner kurzen Kaperfahrt 22 feindliche Handelsschiffe auf.

1.4. Der Landungszug der Emden und die Fahrt der Ayesha

Nachdem die Boote an der gleichen Stelle wie zuvor gelandet waren, ließ Kapitänleutnant von Mücke alle Engländer auf der Insel zusammenrufen, beschlagnahmte alle Waffen, hißte die deutsche Flagge und stellte die Insel unter das Kriegsrecht. Der Landungszug erhielt den Befehl, den Strand zur Verteidigung klarzumachen, die Maschinengewehre in Stellung zu bringen und mehrere Schützengräben anzulegen. Kapitänleutnant von Mücke hatte nicht die Absicht, die Insel kampflos aufzugeben. Nach Erteilen der Befehle eilte Mücke zum Nordstrand der Insel um das Gefecht zu beobachten. Er sah, dass die „Emden" schon beschädigt war. Der vorderste Schornstein fehlte, und auf dem Schiff war ein Brand ausgebrochen. Beim Gegner der „Emden" waren keine Beschädigungen wahrzunehmen. Um zirka 11.00 Uhr verschwanden die beiden Schiffe am Horizont. Für Mücke hatte es den Anschein als würde das Gefecht abgebrochen werden. Er hatte den Eindruck, dass die „Emden" im Laufe des Gefechtes stärker litt, als ihr Gegner. Das war das letzte was Mücke beobachten konnte.[23]

Selbst bei günstigen Ausgang des Gefechtes konnte die „Emden" nur so schnell wie möglich einen Hafen anlaufen um die Verwundeten abzugeben und die Schäden auszubessern. An eine Rückkehr zur Insel war nicht mehr zu denken.

Kapitänleutnant von Mücke musste rasch entscheiden was der Landungszug unternehmen sollte. Laut Angaben des englischen Funkpersonals befanden sich mehrere englische Kreuzer in der Nähe der Insel. Ein britisches Kriegsschiff würde bald einlaufen um nachzusehen, was mit der Funk und Kabelstation geschehen sei.

Den Landungsversuch einer kleinen britischen Mannschaft hätte Kapitänleutnant von Mücke mit seinen vier Maxim- Maschinengewehren (2000

---

23 Mücke meldete nach seiner Rückkehr nach Deutschland dem Admiralitätsstab, dass zwei feindliche Schiffe an der Versenkung der „Emden" beteiligt waren. Seiner Ansicht nach daß das feindliche Schiff welches der „Emden" den Rest gegeben hat, nicht dasjenige war, welches den Kampf eröffnet hatte. Mücke meint, daß es sich bei dem zweiten Schiff um die „Melbourne" gehandelt hat, welche ein Schwesternschiff von der „Sydney" war. Die These von den zwei Schiffen ist nach dem heutigen Wissensstand widerlegt. Vgl., Mücke, Ayesha, S. 15,16, Lochner, Die Kaperfahrten des Kleinen Kreuzers Emden S.279-282.

Schuß), 29 Gewehren (60 Schuß), und zehn Pistolen (24 Schuß), zunächst abwehren können. [24]

Gegen das Geschützfeuer eines englische Kreuzers war der Landungszug allerdings wehrlos. Im besten Falle stand britische Gefangenschaft bevor. Im Hafen befand sich ein kleiner weißer Schoner, dessen Sprengung nach der Landung verschoben worden war. Mit diesem Schiff beschloss von Mücke die Insel so schnell wie möglich, zu verlassen. Der Schoner hieß „Ayesha" (benannt nach der Lieblingsfrau des Propheten Mohammed) war 30 Meter lang, 7 bis acht Meter bereit und wog 97 Tonnen.[25]

Das Fahrzeug war schon länger Zeit aus Dienst gestellt, jedoch äußerlich gut erhalten. Nach Aussagen der Engländer war des Schiff alt und morsch. Früher hatte die „Ayesha" zum Kopra -Transport von den Keeling - Inseln nach Batavia gedient. [26]

Nachdem sich Kapitänleutnant von Mücke von der Seetüchtigkeit des Schoner überzeugt hatte, gab er dem Befehl das Schiff seeklar zu machen. Der Schoner wurde von der „Emden Mannschaft" aufgetakelt. Die Engländer unterstützten die Deutschen nach Möglichkeit. Sie brachten Kochgeräte, Decken, Kleider, Petroleum, Wasser selbst zu dem Schoner. Ihre Hilfe begründeten sie, weil sich die Deutschen „generously" (edel, fair) verhalten hatten. [27]

Schließlich hatte der Landungszug nur das nötigste von Bord der „Emden" mitgenommen. Zum Glück hatten einige Matrosen Erfahrung im Umgang mit Segelschiffen. Somit war die Handhabung der „Ayesha" für die Mannschaft kein großes Problem.

Am Nachmittag kam die „Sydney" und die „Emden" wieder in Sicht, woraus auf eine Fortdauer des Gefechts geschlossen werden konnte, da Artilleriefeuer beobachtet wurde. Nachdem festgestellt worden war, dass die „Sydney" in nordwestlicher Richtung wegdampfte, und die „Emden" östlich eingeschätzt wurde, beschloss Kapitänleutnant von Mücke bei einbrechender Dunkelheit die Insel zu verlassen. Die Segeln waren gesetzt, Proviant für acht Wochen, Wasser für vier Wochen an Bord.[28]

Bei Anbruch der Dunkelheit schleppte die Dampfpinasse die „Ayesha" durch die Korallenriffe auf die offene See. Die Dampfpinasse wurde um 20.30 Uhr losgeworfen, die beiden Kutter im Schlepp behalten, um für den Fall des Wrackwerdens der „Ayesha" Rettungsboote zur Verfügung zu haben. Zunächst wurde ein westlicher Kurs gesteuert, um dem feindlichen Kreuzer auszuweichen und um die zurückgebliebenen Engländer zu täuschen. In der Nacht ging die „Ayesha" auf Nordostkurs. Kapitänleutnant von Mücke be-

---

24   Bundesarchiv Freiburg, BA-MA-RM 99/605
25   Mücke, Ayesha, S. 20.
26   Mücke, Ayesha, S, 18.
27   Ebenda, S.19.
28   Mücke, Ayesha, S. 20.

schloss entweder Batavia, oder Padang auf Sumatra im neutralen Niederländisch-Indien gelegen, anzulaufen. „Ayesha" musste,gleichgültig welchen der Häfen sie anlaufen wollte, zunächst in nördlicher Richtung Raum gewinnen, um in das Gebiet des Nord-Westmonsun zu gelangen. Gegen den Süd-Ost-Monsun, und Äquatorialstrom nach Batavia zu kreuzen, war ausgeschlossen. Auch fehlten auf der „Ayesha" wichtige navigatorische Mittel. Das Chronometer-Journal, zur Berechnung der geographischen Länge, war nicht an Bord. Einziges Navigationsmittel zur Standortbestimmung war die Mittagsbreite. [29]

Die nächsten Tage wurden zur weiteren Instandsetzung des Schiffes genutzt. Die Unterbringung der Mannschaft machte erhebliche Schwierigkeiten, da dass Schiff nur für eine Besatzung von insgesamt sechs Mann vorgesehen war. Die Frischwasserversorgung war nicht gegeben, da von den vier Tanks drei so verrottet waren, dass das Wasser für die Mannschaft ungenießbar geworden war.

Doch die Wasserfrage löste sich in zufriedenstellender Weise, da bei den häufigen tropischen Regenschauern genügend Regenwasser aufgefangen werden konnte. Die Fahrt der „Ayesha" verlief äußerst wechselvoll, wie Auszüge des Original-Logbuches zeigen:

Mittwoch 11. November 1914

Vormittags wurde außer den täglich wiederkehrenden Arbeiten, wie Schiffsreinigung, Prüfung der Takelage, Lenzpumpen des Schiffes, nun auch das Untermarssegel untergeschlagen und gesetzt. Das Schiff machte 3.8 bis 5.1 Seemeilen Fahrt. Nachts 23.35 Uhr riß die Kutterschleppleine. Der Kutter wurde treiben gelassen. Er war leck.

Freitag 13. November 1914

Das Wetter wurde böig. Segel bergen und setzen war mehrmals nötig. Um 5.00 Uhr setzte eine heftige Regenbö ein Ein großes Segel und das Kajütdach diente zur Ansammlung von Wasser. Die gesamte Besatzung war unbekleidet an Deck und benutzte die Gelegenheit, wie nun immer, sich in Süßwasser zu waschen und Zeugwäsche machen zu können. Es wurde ein Faß voll Trinkwasser aufgefangen. 16.40 Uhr nochmals Regen.

---

29   Die Mittagsbreite ist einer der ältesten, einfachsten und genauesten Navigationsmethoden. Schiffsmittag ist dann, wenn die Sonne den höchsten Punkt ihrer Laufbahn erreicht hat. Auf der Nordhalbkugel im Süden (180°) auf der Südhalbkugel im Norden (360°). Vgl. Bobby Schenk, Astronavigation, ohne Formeln-praxisnah. Bielefeld, 1983 S.25-30.

Freitag 20. November 1914
Besteck gegißt aus einer Vormittagsstandlinie. Immer noch Flaute. Mannschaft Unterricht im Spleißen und Knoten, Kompass, Takelage usw. Sonnensegel gesetzt. 13.00 Uhr leichte Regenbö aus Süd. Kurs Nordnordost. Geringe Fahrt.14.00 Uhr Totenstille. Regen mit wenig Wind. Wasser aufgefangen.

Am 22. November 1914 entschloss sich Kapitänleutnant von Mücke in den Hafen von Padang einzulaufen. Drei folgende Gründe sprachen dafür: Erstens, weil dort die „Emden" getroffen werden konnte zweitens ein deutscher Konsul sich vor Ort befand, und mit ziemlicher Sicherheit deutsche Handelsschiffe im Hafen lagen und drittens, weil die an Bord befindlichen beiden Leutnants Schmidt und Gyssling mit dem Schweren Kreuzer „Gneisenau" bereits Padang besucht hatten und dort bekannt waren.

Zusätzlich erschwert wurde die Navigation, da an Bord keine Seekarte von Sumatra vorhanden war. Am 23. November wurde Land gesichtet. Abends stand die „Ayesha" vor dem Seaflower Channel. Kapitänleutnant von Mücke ließ auf der „Ayesha" die Gefechtsbereitschaft herstellen. Er beabsichtigte, falls er ein feindliches Schiff vor Anker liegend treffen würde, dieses überraschend zu entern. Ab dem 26. November folgte der „Ayesha" der holländische Zerstörer „Lynx". „Ayesha" befand sich in den neutralen Gewässern Niederländisch-Indiens. An Bord der „Lynx" erhielt Kapitänleutnant von Mücke die erste Nachricht über das Schicksal der „Emden".[30]

Am 27. November ging die „Ayesha" in Padang vor Anker. Kapitänleutnant von Mücke ließ dem holländischen Neutralitätsoffizier ausrichten, das deutsche Kriegsschiff S.M.S. „Ayesha" habe den Hafen wegen Seenot (Zustand des Schiffes) und wegen Mangels an Wasser und Proviant angelaufen. Nach Behebung dieser Umstände würde die „Ayesha" wieder in See gehen. Am 28. November wurde Kapitänleutnant von Mücke mitgeteilt, dass die „Ayesha" von den Niederländern als Prise (erbeutetes Schiff) behandelt werden würde. Eine Proklamation bezüglich der Neutralität der Niederlande war dem Kommandanten der „Ayesha" vom Neutralitätsoffizier überreicht worden. Kapitänleutnant von Mücke legte unverzüglich energischen Protest gegen das Verhalten der Niederländer ein.

---

30   Lochner, S. 317.

In seinem Schreiben betonte Kapitänleutnant von Mücke dass alle Merkmale für ein Kriegsschiff bezüglich der „Ayesha" zutreffen würden: Es wären nur Angehörige der kaiserlichen Marine an Bord, die Besatzung sei militärisch organisiert. Mücke berief sich ausdrücklich auf das Abkommen der II. Haager Konferenz von 1907 über die Verwandlung von Handelschiffen in Kriegsschiffen.[31]

Das Verhalten der Niederländer war in diesem Fall verständlich. Jegliche Neutralitätsverletzung würde unverzüglich eine Reaktion Englands und Japans hervorrufen. Der Neutralitätsoffizier verweigerte die Lieferung von Seekarten, Kleidern und Decken, da dies eine Verstärkung der Kampfkraft des Schiffes bedeuten würde. Die Stimmung auf der „Ayesha" war, trotz aller Hindernisse, gut. Die im Hafen befindlichen deutschen Handelsschiffe halfen mit den notwendigen Gütern aus.[32]

Die „Ayesha" konnte noch am selben Tag auslaufen. Mit Hilfe des deutschen Konsuls wurde Hilfe durch einen deutschen Dampfer organisiert, welcher die „Ayesha" auf See treffen sollte. Am 14. Dezember 1914 traf die „Ayesha" den Lloyddampfer „Choising".

Die Besatzung wurde umgeschifft, und am 16. Dezember wurde die „Ayesha" durch Anbohren versenkt, nachdem sie 1709,6 Seemeilen zurückgelegt hatte.[33]

Kapitänleutnant von Mücke beschreibt diesen Augenblick mit bewegten Zeilen:

„Ich wollte in der Nähe Ayeshas bleiben bis sie gesunken war. Der Dampfer wurde daher gestoppt, und wir blieben in einer Entfernung von 300 bis 400Meter liegen. Der Verlust des braven Schiffes ging uns doch zu tief zu Herzen. Wenn auch das Leben Bord alles eher als glänzend genannt werden konnte, so wussten wir doch alle, dass wir nur „Ayesha" unsere Freiheit zu verdanken hatten.

Fast eineinhalb Monate war sie unsere Heimat gewesen. 1709 Seemeilen unter Segeln hatten wir auf ihr zurückgelegt. Wir standen alle hinten auf der Heckreling der Choising und verfolgten den letzten Kampf der Ayesha mit den Wellen. Langsam und allmählich sank sie tiefer und tiefer. Drei Hurras tönten ihr über ihr nasses Wellengrab nach. Es war um 4 Uhr 58 Minuten am 16. Dezember des Jahres 1914."[34]

---

31   Erich Raeder, Der Kreuzerkrieg in den ausländischen Gewässern 2. Band. Die Tätigkeit der Kleinen Kreuzer „Emden","Königsberg" und „Karlsruhe". Berlin 1923 S. 113.

32   Lochner, S.319

33   Raeder, Der Kreuzerkrieg in den ausländischen Gewässer. Band, S. 116.

34   von Mücke, Ayesha, S.62.

Auf der „Chosing" waren die Bedingungen für die Mannschaft weitaus besser. Zuerst wollte von Mücke in Richtung Deutsch-Ostafrika fahren, und sich dort bei der deutschen Kolonialtruppe melden. Außerdem erfuhr er, dass der Kleine Kreuzer „Königsberg" im Rufiji Delta lag. Doch über Funk wurde die Meldung vom englischen Angriff auf Deutsch Ostafrika bekannt gegeben. Nach eingehender Beratung mit seinen Offizieren fasste Kapitänleutnant von Mücke den Entschluss zuerst die Malediven und dann die arabische Halbinsel anzusteuern. Von der militärische Lage im Nahen Osten hatte Kapitänleutnant von Mücke jedoch nur sehr vage Informationen.

Exkurs: Der Kriegsschauplatz Naher Osten im Jänner 1916

Am 2. August 1914 hatte die Türkei mit Deutschland und Österreich-Ungarn ein Bündnis gegen Rußland geschlossen. Dieses Abkommen sollte es den prodeutsch eingestellten Jungtürken um Kriegsminister Enver Pascha[35] ermöglichen auf Seiten der Mittelmächte in den Krieg einzutreten. Noch am gleichen Tag begann die Türkei mit der Mobilmachung. Am 3. August erklärte die Türkei die bewaffnete Neutralität. Deutschland entsandte sein Mittelmeergeschwader, den Schlachtkreuzer „Goeben" und den leichten Kreuzer „Breslau" in türkische Gewässer.

Nach ihrem Eintreffen in Konstantinopel hissten sie die türkische Flagge und änderten ihren Namen in „Sultan Selim" und „Midillu".

Der Kommandeur des Geschwaders, Vizeadmiral Wilhelm Souchon wurde in türkischen Dienste übernommen. Proteste der Engländer wurden von der türkischen Seite mit dem schlagfertigen Argument zurückgewiesen, man habe die beiden Schiffe als Ersatz für die beiden von Großbritannien bestellten und bei Kriegsbeginn beschlagnahmten Schlachtschiffe erworben.[36]

Am 29. Oktober 1914 griff die türkische Flotte unter dem Kommando von Admiral Souchon die russischen Häfen Odessa, Sewastopol, Noworossisk und Feodosia an. Drei Tage später erklärte Rußland der Türkei den Krieg und am 5. November 1914 befand sich die Türkei auch mit Frankreich und Großbritannien im Kriegszustand.

---

35   Enver Pascha Bey (1881-1922). Türkischer Kriegsminister und „starker Mann" im Osmanischen Reich. War maßgeblich am Deutsch-Türkischen Kriegsbündnis beteiligt. Nach dem Sieg der Alliierten floh Enver Pascha nach Sowjetrußland. 1921 brach er mit den Sowjets und unterstützte in Zentralasien eine muslimischen Aufstand gegen die Sowjetregierung. Enver Pascha fiel am 4. August 1922 im Kampf gegen sowjetische Truppen in Tadschikistan. Vgl.Alan Palmer,Verfall und Untergang des Osmanischen Reiches München 1994 S.381..
36   John Keegan, Der Erste Weltkrieg. Hamburg 2001 S. 308.

Unmittelbar nach dem Kriegseintritt der Türkei anerkannte Großbritannien Kuwait als autonomes Gebiet und stellte das Gebiet unter britischen Schutz. Am 9. November 1914 besetzten britische Truppen Basra, die wichtigste Stadt in Südmesopotamien und rückten bis nach Al Qurnah vor.[37]

Der Kriegseintritt der Türkei schuf einen neuen Kriegsschauplatz, der nicht nur eine militärische sondern auch eine religiöse Dimension hatte. Die Türkei war Sitz des moslemischen Kalifats und als „Kalif" und Nachfolger des Propheten Mohammeds rief Sultan Mehmed V. am 11. November 1914 den „Dschihad", einen Heiligen Krieg gegen alle Feinde des Islams aus. Er forderte alle Muslime in britischen, russischen und französischen Ländern auf sich zu erheben.[38]

Die Wirkung war gering. Die Briten waren beunruhigt, doch es gab in der indischen Armee nur wenige moslemische Soldaten, die sich beeinflussen ließen. Doch der Khedive von Ägypten unterstützte den Dschihad. Daraufhin errichtete Großbritannien am 18. Dezember 1914 das Protektorat über Ägypten und setzte den Khediven ab.

Ägypten wurde zunehmend ein Truppenaufmarschgebiet Großbritanniens. Vor allem Inder, Australier und Neuseeländer warteten auf ihren Einsatz. Im Jänner 1915 war die Zahl britischer Truppen in Ägypten auf 70 000 angestiegen.[39]

Kapitänleutnant von Mücke hatte keinerlei zuverlässige Informationen über die allgemeine Lage in Arabien. In seiner Beurteilung war er völlig auf sich selbst gestellt. Nur aufgrund unzuverlässiger mündlicher Nachrichten konnte Kapitänleutnant von Mücke die augenblickliche Lage einschätzen und den entsprechenden Entschluss fassen.

Das sich die Türkei mit England im Kriegszustand befand, hatte Kapitänleutnant von Mücke bereits in Padang erfahren. Aufgrund der veränderten Lage in Ostafrika beschloss Mücke direkten Kurs auf die arabische Halbinsel zu nehmen, die ein Teil des mit Deutschland verbündeten Osmanischen Reiches war. „Choising" kam für die Verwendung als Hilfskreuzer nicht in Frage. Der Dampfer setzte die Reise nach Westen, zur Südspitze Arabiens fort. Nach Angaben des Leutnant Geerdts führte der Endpunkt der Hedschas - Bahn bis nach Hodeida. Von diesem Punkt aus wollte Mücke Konstantinopel auf dem Landweg erreichen. Das die Engländer die Bahn zerstört hatten, glaubte Kapitänleutnant von Mücke nicht. Dies wäre als böswillige Erschwerung der Pilgerfahrten nach Mekka aufgefasst worden, und hätte den Islam in Erregung gebracht..[40]

---

37 Alan Palmer Verfall und Untergang des Osmanischen Reiches. München 1997, S.326.
38 Palmer, S. 327.
39 Keegan, S. 312.
40 Lochner, Die Kaperfahrten des Kleinen Kreuzers Emden, S. 330.

Am 8. Jänner 1915 fuhr die „Choising" durch die Perimstraße (Bab el Mandeb) ins Rote Meer. Am 9. Jänner,um 05.00 Uhr ging der Landungszug von Bord. Gleich nach der erfolgreichen Landung erfolgte der Marsch nach Hodeida. Dort wollte Kapitänleutnant von Mücke sich Nachrichten über die Kriegslage einholen.

Mit der Landung in Hodeida fand die abenteuerliche Fahrt der „Emden"-Landungsabteilung ihr Ende, soweit sie sich auf offener See abspielte. Der Landungszug selbst aber wurde bei seinen Versuchen in die Heimat zu gelangen, noch vor außerordentlich schwierige Aufgaben gestellt.

1.5. Der Marsch durch Arabien und die Ankunft in Konstantinopel

Nachdem es kurz nach der Landung beinahe zu einem Gefecht mit Arabern gekommen war, da beide Seiten nicht wussten, wem sie vor sich hatten, stellte sich heraus dass die Gegend noch von den Türken kontrolliert wurde. Schließlich marschierte der Landungszug in Begleitung der Araber nach Hodeida. Als Kapitänleutnant von Mücke feststellte, dass die Hedschasbahn noch nicht bis Hodeida fuhr, entschloss er sich mit kleinen Booten entlang der arabischen Küste nach Norden zu fahren. Die türkischen Behörden erklärten das dieses Vorhaben unmöglich sei, da die Engländer bei Kamaran eine totale Blockade des Roten Meeres errichtet hatten. Außerdem befand sich ein französischer Kreuzer vor Hodeida.

Nach der Ankunft des Landungszugs in Hodeida wurde der Dampfer „Choising" Richtung in Deutsch-Ostafrika entlassen. An Bord hatte er einen Arrestanten des Landungszugs, den Heizer Jakob Kreuz, den Kapitänleutnant von Mücke nicht mitnehmen wollte.[41]

Auf Anraten der türkischen Behörden wurde der Landweg gewählt. Die türkischen Offiziere verschwiegen allerdings, dass der Landweg keinesfalls sicher war. In Hodeida konnte Kapitänleutnant von Mücke am 9. Februar 1915 telegraphischen Kontakt mit dem deutschen Admiralstab herstellen. Der türkische Kriegsminister Enver Pascha wurde daraufhin von Berlin über die Anwesenheit deutscher Soldaten in Südarabien in Kenntnis gesetzt.[42]

Die türkischen Behörden verzögerten immer wieder den Abzug. Kapitänleutnant von Mücke beschloss in das hochgelegene und klimatisch günstigere

---

41 Die „Choising blieb in Massaua und wurde 1916 von den Italienern beschlagnahmt. Als italienischer Dampfer „Carrocio" wurde das Schiff am 15. Mai 1917 in der Otranto-Straße von österreichischen Torpedobootzerstörer versenkt. Vgl. Lochner, 333,334
42 Bundesarchiv Freiburg: RM 99/605

Sanaa zu marschieren. In Sanaa wurde die deutsche Truppe vom türkischen Kommandanten Tewfik Pascha freundlich aufgenommen. Die in der Truppe aufgetretenen Fieber und Magenkrankheiten zwangen zu einem längeren Aufenthalt in Sanaa.

Auch diesmal waren die örtlichen türkischen Behörden hartnäckig bestrebt, den Landungszug in Sanaa festzuhalten.

Ein Hauptgrund waren die vier Maschinengewehre, welche eine beträchtliche Verstärkung für die türkische Einheit im Jemen gewesen wären.[43]

Von den türkischen Behörden wurden Schwierigkeiten in der Beschaffung der notwendigen Karawanentiere vorgetäuscht. Es gelang aber Kapitänleutnant von Mücke, unter der Hand Tiere zu bekommen. Nach zwei missglückten Versuchen gelang es durch ein Scheinmanöver die Bevölkerung und die feindlichen Spione zu täuschen und am 14. März 1914 mit zwei Sambuks (arabische Segelboote) von Jabana überraschend abzufahren. Die mit zwei Kanonenboote und dem Hilfskreuzer „Empreß of Russia" aufrechterhaltene englische Blockadelinie an der Küste, konnte im Schutz der Nacht durchbrochen werden. Die Boote steuerten nach Norden. Nach dem Untergang eines Sambuks infolge des Auflaufens auf ein Riff am 17. März, wobei die ärztliche Ausrüstung verloren ging, wurde der Weitermarsch erneut auf dem Landweg fortgesetzt. Eine Tagesreise von Djidda entfernt fand am 1. April 1915 in der Wüste bei Ras al Aswad ein Überfall auf den Landungszug durch einen etwa 500 Mann starker Beduinentrupp statt. Den Beginn des Angriffes schildert von Mücke mit folgenden Worten:

„Die Offiziere ritten an der Spitze der Karawane. Als sich hinter den hohen Bergen, die zu unser rechten Seite aus dem flachen Wüstenlande emporwuchsen, die ersten Anzeichen des kommenden Tages bemerkbar machten, glaubte ich, daß nunmehr alles in Ordnung sei, da bei Helligkeit die Beduinen nicht anzugreifen pflegten. Ich hängte deshalb mein Gewehr über den Sattel, schnallte den schweren Patronengurt ab und ritt langsam die Karawane entlang, um nach den Rechten zu sehen. Ich war etwa bis zur Mitte der Karawane gekommen, als auf einmal ein helles Pfeifen, das vom Knall einer gefeuerten Salve gefolgt war., vernahm. Ununterbrochen regnete es plötzlich von allen Seiten aus nächster Entfernung Blei in unsere Karawane."[44]

43　Bundesarchiv Freiburg: RM 40 /v. 661 Diese Absicht geht eindeutig aus den Schriftwechsel zwischen dem Admiralstab in Berlin und Enver Pascha hervor. „Maschinengewehre sollen Enver Pascha zur Verfügung gestellt werden. Detachment Emden soll zur Mittelmeerdivision herangezogen werden"(Brief vom 11. 2. 1915).
44　von Mücke, Ayesha, S. S.120,121.

Der Landungszug verschanzte sich zur Verteidigung in eine Art Ringwahl, die vier Maschinengewehre standen an den Ecken des Lagers. In der Mitte waren die Verwundeten und die Kamele. Erschwerend war vor allem für die Verwundeten, daß die gesamte medizinische Ausrüstung verlorengegangen war.

An Schlaf war in der Nacht kaum zu denken. Die „Emden"-Mannschaft musste sich unter schwierigsten Umständen drei Tage und zwei Nächte lang verteidigen.

Überraschend zog sich der Feind am dritten Tag zurück. Ohne den vier Maschinengewehren wäre der Zug von den Beduinen aufgerieben worden. Insgesamt fielen drei Mann, nämlich Leutnant Schmidt, der Matrose Rademacher sowie der Heizer Lanig des Landungszuges bei dem Überfall von Ras al Aswad.

Der Überfall war von Emir Hussein von Mekka ausgegangen. Vermutlich stand dieser schon im englischen Sold (im Sommer 1915 schloss er ein formelles Bündnis mit den Engländern ab). Der Entsatz des Landungszug erfolgte durch den zweiten Sohn des Emirs, Abdullah,[45] unter Umständen die unzweifelhaft auf die von dem Emir gespielte zweideutige Rolle hinweisen.[46]

Abdullahs zwiespältige Rolle schildert Kapitänleutnant von Mücke beim Abzug der „Emden"-Mannschaft wie folgt:

> *„Als ich Abdullah sagte, ich wollte absitzen lassen und Sicherungsstellung einnehmen, weil eine einzige Salve uns erledigen könnte antwortete er: Ich versichere, es fällt kein Schuß mehr. Und wirklich es fiel keiner mehr. Wir gelangten unbehelligt nach Djedda.*

In Djedda erfuhr ich dann kurze Zeit später, daß Abdullah der Leiter des Überfalls gewesen sein soll. Eigentlicher Antreiber war aber der Emir von Mekka."[47]

In Djedda gestaltete sich die Lage für den Landungszug besonders schwierig. Mehrere Verwundete und viele Kranke belastete den Landungszug, die Munition war zur Hälfte verschossen worden, dem Emir von Mekka war nicht zu trauen und vor der Küste kreuzten englische Kanonenboote. Doch Kapi-

---

45   Der spätere König von Transjordanien, und Urgroßvater des heutigen jordanischen Königs Abdullah. 1951 wurde König Abdullah in Jerusalem ermordet.

46   Etwa zwei Monate später wurde Kapitänleutnant von Moeller, mit seinen fünf Begleitern in der gleichen Gegend von Beduinen ermordet. Sie waren nach 82tägiger abenteuerlicher Fahrt auf dem Schoner „Weddingen" von Niederländisch-Indien östlich von Aden gelandet, und versuchten ebenfalls auf den Landweg in die Heimat zu kommen. Vgl. Walter Heichen, Helden der See. Sechs Kameraden. Berlin. o.J.

47   RM 99/605/ 10253. Bericht des Kapitänleutnant von Mücke über die Hintergründe des Überfalls bei Ras al Aswad vom 25. 05. 1915.

tänleutnant von Mücke gelang es wieder alle Gegner mit einer List zu täuschen. Im dichten Nebel und zeitweiligen Sturm gelang es dem Landungszug in der Nacht von 8. auf den 9. April auf dem Seeweg durch die englische Blockade zu schlüpfen. Am 28. April kam der Landungszug nach Sherm Munnaiburra, von dort erfolgte der Weitermarsch auf dem Landweg. Den Landungszug drohte hier keine Gefahr mehr. Das gesamte Gebiet war unter türkischer Kontrolle. Der Marsch führte durch schwieriges Gelände, die Trinkwasserverhältnisse waren aber günstiger als in der Wüste.

Am 2. Mai wurde El Weg erreicht und am 6. Mai kam der Landungszug in El Ula, einer Station der Hedschas-Bahn an. Kapitänleutnant von Mücke beschloß seiner Karawane vorzureiten, um in El Ula gleich einen Zug zu besorgen und die nötigen Vorbereitungen für die Unterkunft seiner Leute zu treffen.[48]

Es war alles vorbereitet für die Ankunft des Landungszuges. Ein Sonderzug stand bereit und einige Journalisten, unter anderen der bekannte Journalist und Kriegsberichterstatter Emil Ludwig[49] erwarteten die „Emden-Leute".

Die Ankunft in El Ula schildert Kapitänleutnant von Mücke in seinem Erlebnisbericht „Ayesha" wie folgt:

„In El Ula traf ich gegen Mittag ein und fand zu meinem Erstaunen schon alles vorbereitet. Ein Sonderzug stand für uns da, dessen Maschine nur auf den Befehl zum Anstecken des Feuers wartete. Zwei Berichterstatter deutscher Blätter und eine Anzahl türkischer Offiziere waren uns bisher entgegengekommen.

Briefe und Nachrichten von deutschen Kolonien in Syrien waren uns entgegengeschickt worden, kalter Rheinwein, Sekt, Pfirsiche und ähnliche lang entbehrte Leckerbissen harrten unser. Vor die Wahl gestellt, ob ich baden oder Wein trinken wollte, entschied ich mich für letzteres. Warum von lieben Gewohnheiten denen man wochenlang treu geblieben war, so plötzlich abweichen?[50]

Einige Stunde später traf auch die Karawane, mit den „Emden"-Leuten ein. Die Weiterreise brachte keine Gefahren mehr. Sie führte mit der Bahn über Damaskus und Aleppo durch Kleinasien nach Konstantinopel. An zwei Stellen mußte der Zug verlassen werden und zu Fuß weitergereist werden, da die Bahnstrecke noch nicht fertiggestellt war. Wohin die „Emden" Leute auch kamen, sie wurden überall freundlich aufgenommen. In Aleppo erhielten die Leute seit zehn Monaten die ersten Nachrichten von zu Hause, sowie das

---

48 Lochner, S.382.
49 Emil Ludwig (1881-1948), seit 1914 Kriegsberichterstatter des Berliner Tageblattes, sowie bekannter Schriftsteller im Ersten Weltkrieg und in der Weimarer Republik, Vgl Neue Deutsche Biographie, Bd. 17. S.426,427.
50 Mücke, Ayesha, S.162.

Eiserne Kreuz II. Klasse verliehen. Kapitänleutnant von Mücke war bereits am 11. Februar 1915 das Eiserne Kreuz I. Klasse verliehen worden.[51]

In Deutschland und in Österreich-Ungarn hatte das Schicksal der „Emden"-Leute einen breiten Raum in den Zeitungsberichten eingenommen. So berichtete die Wiener Neue Freie Presse am 17. 05.1915 unter der Überschrift: „Die Überlebenden der „Emden" Konstantinopel 15. Mai:

„Die Überlebenden der „Emden unter Führung des Kapitänleutnant Mücke sind in Aleppo eingetroffen. Die Bevölkerung der reichbeflaggten Stadt bereitete ihnen einen enthusiastischen Empfang".[52]

Am Pfingstsonntag, dem 23. Mai 1915, Nachmittags, hielt der Sonderzug auf dem Bahnhof von Haidar-Pascha, dem asiatischen Endpunkt der Hedschas-Bahn in Konstantinopel. Ein großes Abenteuer hatte einen glücklichen Abschluß gefunden.[53]

Die Mannschaft war mit neuen Uniformen ausgestattet worden. Im Bahnhof wurde Kapitänleutnant von Mücke vom Chef der Mittelmeerdivision Admiral Souchon empfangen. Der Landungszug trat an, die Flagge der „Emden" am rechten Flügel. Nach mehr als zehnmonatiger Kriegsfahrt, brachte der Landungszug die Flagge zurück, als letzte vom Kreuzergeschwader,(Das Ostasiengeschwader von Admiral Graf Spee war am 8. 12. 1914 bei den Falklandinseln versenkt worden) als einzige deutsche Auslandstruppe der es gelang den Gegnern zu entkommen. Nach einigen kurzen Kommandos meldete Kapitänleutnant von Mücke vor Admiral Souchon :

„Melde gehorsamst, Landungszug S.M.S. Emden in Stärke von fünf Offizieren, sieben Unteroffizieren und siebenunddreißig Mann zur Stelle !"[54]

Danach gab es für die „Emden" Leute einen großangelegten Empfang in der Serailspitze. Dort wurden sie vom deutsche Botschafter Freiherrn von Wangenheim sowie dem türkischen Kriegsminister Enver Pascha empfangen. Glückwünsche erhielten die „Emden Leute" auch von indischen Nationalisten, die ein Verbindungsbüro in Konstantinopel unterhielten.

Der anschließende Marsch des Landungszuges, an der Spitze Kapitänleutnant von Mücke, durch den Park glich einen Triumphzug. Der Landungszug nahm dann an Bord des deutschen Dampfers „General" Quartier.[55]

---

51 Lochner, S. 433.
52 Neue Freie Presse, 17. Mai 1915.
53 Hans Werner Neulen, Feldgrau in Jerusalem. München. 1991 S. 114.
54 Mücke, Ayesha, S.165.
55 Neue Freie Presse, 25. Mai 1915.

Die Rückkehr aus der Türkei nach Deutschland, erfolgte auf dem Landweg über den Balkan und Österreich. Überall wurden die „Emden"-Leute begeistert begrüßt.

Zusammenstellung der im Laufe der Reise verausgabten Gelder [56]

a) Padang:

Vom österreichischen-deutschen Konsul Schild in bar erhalten: 150 Shilling, 200 holländische Gulden, 110 Mark.

b) Hodeida:

Vorschuß von der Regierung 150 türkische Pfund (Gold).

c) Sanaa:

Vom türkischen General a. D. Ibrahim Bey 1100 türkische Medschidje (Silber) und 50 türkische Pfund (Gold) erhalten.

Die in Padang und Hodeida erhaltenen Gelder wurden verbraucht (Kleider, Nahrungsmittel u.s.w.). Die in Sanaa erhaltenen Gelder ebenfalls (Karawanen, Bestechung, u.s.w.). Die Belege dafür sind im Gefecht bei Ras el Aswad verlorengegangen. Ansonsten hat die Truppe auf Kosten der Türken gelebt.

Ich hatte gebeten, mir Rechnungen zum Zwecke der Abrechnung zu geben. Trotz mehrfacher Versicherungen konnte ich die Rechnungen nicht erhalten.[57]

Gez. Hellmuth von Mücke, Kapitänleutnant.

1.6. Diplomatisches Nachspiel in der Heimat 1915

Die erfolgreiche Heimkehr des „Emden"- Landungszugs war vor allem der vorbildlichen Menschenführung des Kapitänleutnant Hellmuth von Mücke zu verdanken. Rasch erfasste er die augenblickliche Lage und traf den richtigen Entschluß. Während der gesamten Fahrt sorgte Hellmuth von Mücke für das Wohlergehen seiner Untergebenen. An der Küste von Sumatra und in Arabien erwies er sich als geschickter Verhandler und Taktiker, der sich schnell an die örtlichen Gebräuchlichkeiten anpassen konnte.

Im äußersten Falle kam Kapitänleutnant von Mücke durch eine List zum Erfolg. In Arabien trug seine hohe Anpassungsfähigkeit an den örtlichen Gegebenheiten und der Mut zur schnellen und richtigen Entscheidung ein Schlüssel des Erfolges. Neben den außerordentlichen Führungs- und Charaktereigenschaften Kapitänleutnant von Mückes trug die gediegene Ausbildung der deutschen Marineoffiziere und Mannschaften zum Gelingen des

---

56   RM 99/605
57   RM 99/605

Unternehmens bei. Die abenteuerliche Fahrt des „Emden"-Landungszug mit der „Ayesha" über den indischen Ozean, der Marsch durch die arabische Wüste und die erfolgreiche

Heimkehr über Konstantinopel war eine außerordentliche seemännische und militärische Leistung. Sie bewiesen Kapitänleutnant von Mückes hervorragende Eigenschaft als wagemutiger „Seeteufel" und geschickter militärischer Führer.[58]

In „The Geographical Journal" (Juni 1920) urteilte ein ehemaliger Gegner über Hellmuth von Mücke und seine Landungsmannschaft wie folgt:

> „Drei Tage und zwei Nächte belagert, verloren die Deutschen, obwohl ihnen das Wasser ausging und die toten Kamele die Luft verpesteten, angesichts eines hinterhältigen, fast unsichtbaren Feindes den Mut nicht. Man kann nur froh darüber sein, daß so tapfere Leute zur See und zu Lande ihr Ziel erreichten.....
>
> Sie hatten das Glück der Tapferen.. .. Sie marschierten auf Wegen, von denen weder vor und noch während des Krieges Europäer Kunde gebracht haben."[59]

Kapitänleutnant von Mücke traf am 13. Juni in Dresden ein. Nach seiner Rückkehr erhielt er das Ritterkreuz des Königlich-Sächsischen Militär-St. Heinrich-Orden IV. Klasse mit Schwertern und den Königlichen Bayrischen Militärverdienstorden IV. Klasse.[60]

Die Rückkehr der „Emden"-Leute wurde von der Presse nur allzu gern aufgegriffen, den zuletzt war vom Kriegsschauplatz auf See nur negatives zu berichten gewesen. Da eignete sich die abenteuerlich-romantische „Mücke - Ayesha"-Story nur allzu gut, um von der traurigen Kriegsrealität ablenken zu können. Kapitänleutnant von Mücke wurde zu einem der bekanntesten Kriegshelden.[61]

In diplomatischen Kreisen hatte der interne Bericht in Konstantinopel Kapitänleutnant von Mückes über die Hintergründe des Überfall bei Ras al Aswad für einige Unstimmigkeiten gesorgt. Dass Kapitänleutnant von Mücke den Emir von Mekka und seinen Sohn Abdullah als Verantwortlichen für den

---

58 Der Dichter Walter Flex (1887-1917) hat die Innere Führung in seinem 1917 erschienenen Buch „Der Wanderer zwischen beiden Welten" mit folgenden Worten beschrieben : „Die großen Kerls sind wie die Kinder. Mit Schelten und verbieten ist wenig getan. Sie müssen einen gern haben. Das Herz der Leute muß man haben, dann hat man ganz von selbst Disziplin. Vgl. Der Wanderer zwischen beiden Welten. Kiel 1986, S.18,19.
59 Erich Raeder, Der Kreuzerkrieg in den ausländischen Gewässern. Bd. 2. S.121.
60 Neue Deutsche Biographie, Stichwort Hellmuth von Mücke Bd. 18, S. 262,263.
61 Lochner, Die Kaperfahrten des Kleinen Kreuzers Emden, S.394

Überfall bezeichnete, war Stein des Anstoßes. Der Emir von Mekka wurde als eine der Hauptstützen des sogenannten „Heiligen Krieges" der Moslems in der Hedjas gegen die Alliierten angesehen.

Doch dieser „Heilige Krieg" auf der arabischen Halbinsel war reines Wunschdenken der deutschen Diplomaten. Kapitänleutnant von Mücke und seine Mannschaft kannte die Realität in Arabien nur allzu gut. Die örtlichen Stammesfürsten waren alle samt käuflich, und den Engländern war keine Summe zu hoch, um an ihr Ziel zu gelangen.[62]

Es kam zu einer Meinungsverschiedenheit zwischen Kapitänleutnant von Mücke und dem Auswärtigen Dienst. In dieser Situation zeigte sich die unbeugsame Haltung von Mückes. Nach seiner Ankunft in Konstantinopel hatte er den deutschen Botschafter Baron Konrad von Wangenheim über das Verhalten des Emirs von Mekka und seines Sohnes Abdullah in Kenntnis gesetzt. Als der in der Botschaft weilende als Arabien- Spezialist geltende Ministerresident Freiherr Max von Oppenheim[63] versuchte Kapitänleutnant von Mücke umzustimmen antworte er mit den Worten: *„Wir Soldaten verstehen von Diplomatie selbstverständlich nichts, dürfen jedoch für deren Fehler unsere Knochen hinhalten."*[64]

Da Oppenheim bei Kapitänleutnant von Mücke nichts erreichte, schrieb er einen Bericht an das Auswärtige Amt in Berlin. In dem in Pera am 6. Juni verfassten offiziellen Bericht mit Beschwerdeantrag schrieb Freiherr Max von Oppenheim:

„Auf Grund der ausführlichen Mitteilungen, die mir Herr Kapitänleutnant von Mücke und auch Sami Bey bezüglich des Überfalls bei Djedda gemacht haben, kann ich mich nicht zu der von den Herren ausgesprochenen Ansicht bekennen, daß es sich um einen von den Groß-Scherifen, bzw. Seinen Sohn Abdullah selbst angezettelten Angriff handeln kann.

Aus allen Begleitumständen habe ich vielmehr die Überzeugung gewonnnen, daß hier ein richtiger Beduinenraubzug aus Geldgier, zur Gewinnung der Waffen der Emden -Leute, bei ihnen vermuteter hoher Geldmittel oder eines Lösegeldes vorliegt., wie solches mehr oder weniger in der ganzen arabischen Welt, wo die Regierungsgewalt nicht fest genug ist, an der Tagesord-

---

62 Der von Thomas Edward Lawrence inszenierte Araberaufstand hat dies nur allzu deutlich bewiesen. Dem „Lawrence von Arabien" standen enorme englische Geldmittel sowie moderne Waffen zur Verfügung. Vgl. Desmond Steward, Lawrence von Arabien, Düsseldorf 1991.

63 Freiherr Max von Oppenheim (1860 -1946),Orientalist und Begründer des deutschen Geheimdienstes im Vorderen Orient.vgl. Herbert Londolin Müller, Islam,gihad. Heiliger Krieg und Deutsches Reich. Ein Nachspiel zur wilhelminischen Weltpolitik im Maghreb 1914 - 1918. Frankfurt am Main 1991, S. 193-195.

64 Lochner, S. 396.

nung sind. Hierbei ist es durchaus nicht unmöglich, daß gewisse Elemente in Djedda, die zu den Gefolgsleuten des Groß-Scherifen gehören, selbst den Raubzug angestiftet haben.

Daß jedoch der Groß-Scherif persönlich, wissend, dass es sich um die Helden der Emden handelte, den Überfall verursacht habe, erscheint mir vollständig ausgeschlossen. Abgesehen von allem anderen ist derselbe politisch viel zu klug um eine solche Torheit begehen zu können.

Die türkische Regierung hat in allen Artikeln über den Überfall nur die Leseart gelten lassen, daß derselbe nur von Raubbeduinen, eventuell auf Machenschaften unser englischen Freunde hin, angezettelt wurde, und daß dem Einschreiten des herbeigerufenen Sohnes des Groß-Scherifen die Rettung der Emden-Leute zu verdanken sei."[65]

In diesen Sätzen tritt der Diplomat Freiherr von Oppenheim in den Vordergrund. Laut der türkischen Regierung standen die arabischen Stämme loyal zum Sultan. Ein Rebellion in der Hedschas gab es nach der offiziellen Aussage von Enver Pascha nicht. Ein Überfall auf die verbündeten Deutschen konnte nur von „Räubern" durchgeführt worden sein. In Oppenheims geschliffener Formulierung sollte der türkische Verbündete in keiner Form diskreditiert werden. Das Schreiben endet mit den folgenden Worten:

„Ich habe in Euerer Exzellenz Auftrage Herrn von Mücke gebeten, aus politischen Erwägungen nach außen, diese Leseart weiter bestehen zu lassen.

Im Interesse des Weiterbestehens der besseren Beziehungen zwischen der Pforte und dem Groß-Scherifen und zur Ermöglichung der von Enver Pascha in die Wege geleiteten Benutzung des Groß-Scherifen für eine großzügige Nachrichtenpropaganda in das feindliche islamische Auslande wäre es meines Dafürhaltens wünschenswert, wenn die vorgesetzten Behörden des Kapitänleutnant von Mücke in Berlin an diesen einen Befehl in dem vorgedachten Sinne erteilen würden.

Es scheint mir dies um so wichtiger, als Herr von Mücke, wie er annimmt, demnächst in höheren Auftrag Vorträge über die Taten der „Emden", seine Irrfahrten und Errettung halten soll." [66]

Der betroffene Admiralstab leitete eine Abschrift an Staatssekretär Tirpitz und an Kapitänleutnant von Mücke. Diese polterte nun, wie zu erwarten war, los über die sogenannten Experten im auswärtigen Dienst. Es ärgere von Mücke besonders, dass Oppenheim aus seinen vertraulich gegebenen Mitteilungen einen offiziellen Bericht angefertigt hatte. Ironisch merkte von

---

65   Lochner, S. 396,397.
66   Lochner, S. 396,397.

Mücke an, dass der Berichterstatter (der Arabienspezialist Oppenheim) die Verhältnisse der Araber besser beurteilen könne, als er selbst. Der Admiralstab hielt jedoch fest zu Kapitänleutnant von Mücke.[67]

Abschließend ist noch festzustellen, daß das Verhalten des Freiherrn von Oppenheim, im Rückblick gesehen, nicht ganz unverständlich war. Max von Oppenheim war einer der Vordenker für die Strategie den „Heiligen Krieg" für die deutsche Kriegsführung nutzbar zu machen. England und Rußland hatten in ihren Kolonialreichen eine große Anzahl von Moslems. Wenn es gelang diese aufzuwiegeln, würden beide Länder stark in Bedrängnis kommen. [68]

Zu diesem Zweck wurde 1914/ 15 eine deutsche Expedition unter der Leitung des bayrischen Artillerie-Oberleutnant Oskar Ritter von Niedermayer nach Afghanistan gesandt. Das Ziel dieser Mission sollte es sein, den Emir von Afghanistan zu einem offiziellen Bündnis mit dem Deutschen Reich zu bewegen, sowie in Persien und an der indischen Grenze Unruhen zu verursachen. Freiherr Max von Oppenheim war einer der Organisatoren dieser Expedition.

Gerade zu der Zeit als Kapitänleutnant von Mücke auf der Heimreise nach Deutschland war, befand sich Niedermayer mit seinen Leuten in Teheran und wartete weitere Anweisungen aus Konstantinopel. Am 1, Juli 1915 startete Niedermayer vom persischen Isfahan und überschritt nach sieben Wochen strapaziösen Marsch durch die persische Wüste die afghanische Grenze.

Am 2. Oktober 1915 erreichte Niedermayer Kabul. Wochenlang musste Niedermayer und der ihn begleitende Legationssekretär Leutnant Werner Otto von Hentig auf eine Audienz beim Emir warten. Erst Ende Oktober empfing Emir Habibullah die deutsche Delegation in seinem Sommersitz. Doch die deutsche Expedition blieb in politischer sowie militärischer Hinsicht weitgehend erfolglos. Emir Habibullah, bestärkt durch reichliche Zahlungen der Briten, blieb bei seiner bewährten Neutralitätspolitik.[69]

---

67 Ebenda, S. 397.
68 Peter Hopkirk, Östlich von Konstantinopel. Wien-München 1996. S.76.
69 Die Hintergründe und Erlebnisse seines Afghanistanabenteuers schildert Oskar Ritter von Niedermayer (1885-1948) in seinem erstmals 1925 erschienenen Buch, „Unter der Glutsonne Irans." (Die 3. Auflage erschien unter dem Titel „Im Weltkrieg vor Indiens Toren", Hamburg 1936). Nach dem Scheitern seiner Mission in Afghanistan kehrte Niedermayer unter abenteuerlichen Umständen - unter anderem verkleidete er sich als Afghane, er wurde ausgeraubt und schwer verletzt, 1917 nach Deutschland zurück. Im Zweiten Weltkrieg war Niedermayer im Kaukasus und in Paris bei der Aufstellung turkmenischer Einheiten aktiv. Bei Kriegsende wurde Oskar von Niedermayer den Sowjets übergeben und starb im August 1948 in sowjetischer Gefangenschaft.

Nach diesen Auseinandersetzungen wünschte sich Kapitänleutnant von Mücke nichts sehnlicher als ein Kommando in der Nordsee. An Bord eines Schiffes fühlte er sich wohler als auf dem glatten diplomatischen Bankett.[70] Erst als Kapitänleutnant von Mücke noch im Juni 1915 das Kommando über die 15. Torpedoboot -Halbflottille erhielt, beruhigte sich die Auseinandersetzung.

Im Sommer 1915 heiratete Kapitänleutnant von Mücke Frau Carla Finke.[71]

Die im Herbst 1915, als sogenannte Schützengrabenausgaben verlegten Bücher,„Emden", und „Ayesha" erreichten eine Auflage von mehrere Hunderttausend Stück. Ein Jahr später waren die Bücher bereits in neun Fremdsprachen gedruckt, unter anderem auch in Finnisch und Bulgarisch. Von „Ayesha" wurde auf Wunsch des holländischen Marineministeriums eine Sonderausgabe für die niederländische Marine hergestellt. Ein amerikanischer Marineoffizier schrieb im Vorwort zur amerikanischen Ausgabe des Buches : „Ayesha" sei jedoch das bei weitem interessanteste Kriegsbuch welches er bisher gelesen habe.[72]

Mitte Februar 1916 wurde Kapitänleutnant Hellmuth von Mücke wieder auf dem nahöstlichen Kriegsschauplatz kommandiert. Er wurde der Mittelmeer-Division zur Verfügung gestellt, und zur Euphrat-Flussabteilung in Syrien zugeteilt.

1.7. Kommando am Euphrat 1916 und bei der Donauflottille 1917

In Mesopotamien war es der 6. Türkischen Armee, bedingt durch ihre schlechte Versorgungslage, nicht mehr möglich größere Offensivoperationen gegen die britischen Euphrattruppen zu unternehmen. Selbst für eine Aufrechterhaltung der Verteidigungsfähigkeit fehlte es an dem dringend benötigten Nachschub. Der Grund für diese Nachschubschwierigkeiten lag an den schlechten Eisenbahnverbindungen von Konstantinopel nach Bagdad.

---

70   Lochner, S. 398.
71   Carla (Carry) Finke war 1894 in den USA geboren. Sie war die Tochter des Ingenieurs und Schiffsbaumeisters Thorbjörn Hammmeraas aus Norwegen und Anna Rebecca Berry aus Washington. Carla wurde später von der Bremer Kaufmannsfamilie Finke adoptiert. Vgl Stichwort Hellmuth von Mücke, NDB, Bd. 18 S.262.
72   Vgl. Mücke, Ayesha, The Adventures of the Landingsquad of the Emden Boston 1917. S. 3.4.

Die Bagdad-Bahn war noch nicht fertiggestellt und wies erhebliche Lücken auf. Im Taurus- und Armanusgebirge mussten alle Güter per Karren über die Höhenzüge transportiert werden, da noch nicht alle Tunnels fertiggestellt waren.[73]

Zwischen den am Euphrat gelegenen Rais el Ain bis nach Samara klaffte eine 600 Kilometer durch die Wüste führende Lücke. Ab Samarra war der Schienenweg bis nach Bagdad wieder fertiggestellt. Auf dem Weg durch die Wüste ging ein Großteil der Versorgungsgüter durch Beduinenangriffe verloren.

Diese untragbaren Zustände zu ändern war von vitalen Interesse für die Existenz der türkischen 6. Armee. Man versuchte diesem Problem durch die Benutzung der natürlichen Wasserwege Euphrat und Tigris Herr zu werden. Deswegen wurde im Januar 1916 vom Flottenkommando der Mittelmeer-Division die Bildung einer Euphrat-Flussabteilung verfügt. Deren Hauptaufgaben war die Sicherstellung des Scharturbaues (stabile Holzboote für den Lastentransport) die Organisation des Transportverkehres und die Kartierung des Euphrats.

Kapitänleutnant Hellmuth von Mücke wurde zum Chef des Stabes des Euphrat-Kommandanten, Oberst Nuri Bey ernannt und sollte die Euphrat-Flussabteilung führen. Durch seinen kühnen Landungszug mit der „Emden" Mannschaft durch Arabien war Kapitänleutnant von Mücke in der Türkei eine sehr bekannte Persönlichkeit geworden.

Oberst Nuri Bey rechnete es sich als hohe Ehre an, so einen bewährten Marine-Offizier als Stabschef zugeteilt zu bekommen. Für Kapitänleutnant von Mücke war es die Hauptaufgabe, den Aufbau der Flussabteilung zu leiten. Dazu kam die Fahrwasservermessung und Bezeichnung sowie die Ausstellung einer Segelanweisung.[74]

Mitte März 1916 war der Scharturbau und die allgemeine Organisation so weit gefördert worden, dass täglich 20 Tonnen verfrachtet werden konnte. Die Steigerung der Leistung hing mit der Bauholzlieferung zusammen, und diese war lediglich eine Geldfrage. Doch zu dieser Zeit spielte sich am Euphrat ein humanitäres Drama ab.

Die türkischen Truppen deportierten die Armenier aus Aleppo und den Küstenstrich von Alexandrette, in die mesopotamische Wüste. Kapitänleutnant von Mücke wurde Zeuge dieses unbeschreiblichen menschlichen Leides,

---

73 Marine -Archiv (Hrsg), Der Krieg zur See 1914-1918 IV. Hermann Lorey, Der Krieg in den türkischen Gewässern. Band I. Die Mittelmeerdivision. Berlin 1928 S. 254,255.
74 Lorey, S. 257.

und versuchte, wo es ging, helfend einzugreifen um die ärgste Not zu lindern.[75]

Mitte Mai wurden 80 Scharturs von je 7 bis 8 Tonnen Tragfähigkeit fertiggestellt, täglich wurde ein großer von 20 Tonnen fertig. Diese Fahrzeuge genügten um die mit der Bahn herbeigeschafften Nachschubsgüter weiterzubefördern.

Doch ein großzügiger Schlepperverkehr konnte sich erst einrichten lassen nach weiterer Erkundung des Flusses sowie dem Auslegen einer Fahrwasserbezeichnung und wenn es gelang, Fahrzeuge geschleppt bergwärts zurückzubefördern.

Für diesen Zweck waren aus Deutschland vier Motorboote eingetroffen. Zum Schleppen der Scharturs wurden drei Heckraddampfer gebaut.

Auch Mitte Juli 1916 hatte sich die Bahntransportlage noch nicht wesentlich gebessert. Im Juli 1916 konnte Kapitänleutnant von Mücke auf einem Motorfahrzeug bei fallenden Wasser die Fahrt flussabwärts bis Redwanijje machen.

Die Talfahrt ging ohne Schwierigkeiten vonstatten, auch die Bergfahrt, die bei der einheimischen Bevölkerung höchstes Erstaunen erregte, da Fahrzeuge, die sich gegen den Strom bewegen konnten, völlig unbekannt waren.. Die Bergfahrt bestätigte die bei der Talfahrt gewonnene Ansicht, dass ein regelmäßiger Verkehr zu jeder Jahreszeit möglich sein würde.[76]

Im Laufe des Sommers 1916 wurde Kapitänleutnant von Mücke abkommandiert, um im Admiralstab in Berlin die Euphratflusskarte zu bearbeiten und ein Handbuch über den Euphrat zusammenzustellen. Die Euphrat-Flussabteilung wurde verringert. Durch die türkische Eroberung von Kut el Amara im April 1916 und die Kapitulation der englischen Streitkräfte, hatte sich die Lage in Mesopotamien für die Mittelmächte weitgehend stabilisiert. Es blieb nur ein kleines deutsches Kommando am Euphrat, in Dscherablus zurück.[77]

Bis im Februar 1917 blieb Kapitänleutnant von Mücke beim Admiralstab in Berlin. Im März 1917 wurde er auf den Kriegsschauplatz am Balkan abkommandiert. Dort hatte sich die prekäre Lage inzwischen wieder beruhigt. Das

---

75 Während diesen tragischen Ereignissen griff Kapitänleutnant von Mücke mehrmals energisch ein. Als er mit seiner kleinen Abteilung Zeuge von Mißhandlungen von Armeniern durch türkische Soldaten wurde, verlangte Kapitänleutnant von Mücke diese unverzüglich einzustellen. Ansonsten würde er sich nicht scheuen, daß Feuer auf die Türken zu eröffnen. Die Türken stellten die Übergriffe unverzüglich ein. In seinem Abschnitt konnte Kapitänleutnant von Mücke die Armenier weitgehend vor Mißhandlungen schützen. Persönliche. Auskunft von Dirk von Mücke.
76 Hermann Lorey, Der Krieg in türkischen Gewässern, S. 259.
77 Hermann Lorey, Der Krieg in türkischen Gewässern. S. 259.

zu Kriegsbeginn neutral gebliebene Rumänien war am 27. 8. 1916 auf Seiten der Alliierten in den Krieg eingetreten. Rußland versprach den Rumänen massive Militärhilfe.

Unter dem Kommando des deutschen Feldmarschalls von Mackensen wurden von den Mittelmächten kombinierte Armeen gebildet. Die Dobrutscha - Armee ging offensiv gegen Rumänien vor, während die schwächere Donau-Armee, unterstützt von der k.u.k. Donauflottille und deutsche Booten die Donaulinie zu verteidigen hatte. Rumänien verfügte über vier gut gerüstete Monitore, und zahlreiche kleinere Einheiten. [78]

Im November 1916 gelang den Monitoren [79]der k.u.k. Donauflottille ein entscheidender Sieg über das rumänische Donaugeschwader. Am 6. Dezember 1916 konnten die Truppen der Mittelmächte Bukarest einnehmen. Am selben Tag erfolgte die Einnahme der kriegswichtigen Erdölzentren Campina und Ploesti. Im Winter war die Donau an vielen Stellen zugefroren. Ein Schiffsverkehr war nicht möglich.

Kapitänleutnant von Mücke übernahm im März das Kommando über die im Dezember 1916 gebildete Kaiserlichdeutsche Donau Halbflottille. Diese Flottille war aus zwei mit je 2,5 cm-Geschützen und zwei MG bewaffneten Donau-Zugdampfern des Bayrischen Lloyd gebildet worden. Die Hauptaufgabe dieser Flotte war die Wiederherstellung des allgemeinen Schiffsdienstes auf der Donau. [80]

Bis Mitte März musste das Groß der Schiffe in den Winterhäfen verbleiben. Durch das dicke Eis auf der Donau waren große Strecken unbefahrbar. Die auf dem Fluss treibenden Eisschollen bildeten eine weitere Gefahr für die Schiffe. Ein Dampfer der k.u.k. Donauflottille wurde von den treibenden Eisschollen zum kentern gebracht, und versank. Nachdem der Fluss wieder Eisfrei war, begann die Räumung und Sicherung der Donau.

Feindliche Minen wurden zerstört sowie eigene Sperren verlegt. Die deutsche Donau-Halbflottille unterstützte tatkräftig die anderen Flottenverbände. Die russischen Aufklärungsflugzeuge erwiesen sich für die Schiffe als keine große Gefahr.

Die Artillerie der Schiffe erwies sich als wertvoller Beitrag zu Fliegerabwehr. Obwohl es im Sommer 1917 zu heftigen Kämpfen an der russischen und rumänischen Front kam, griff die Donauflottille kaum ein. Im Sommer 1917 wurde Kapitänleutnant von Mücke von der Donauflottille wieder abkommandiert.

---

78   Walther Schaumann, Peter Schubert, Krieg auf der Donau. Die Geschichte der k.u.k. Donauflottille. Klosterneuburg-Wien. o.J. S. 66.

79   Die Bezeichnung Monitor (engl. Für Aufseher) leitet sich vom amerikanischen Panzerkanonenboot „Monitor" her, das im amerikanischen Bürgerkrieg erfolgreich zum Einsatz kam. Vgl. Schaumann/Schubert, S.32.

80   Oskar Regel, Kampf um die Donau 1916. Potsdam 1940 S.226.

Im August 1917 erhielt er ein Kommando als Navigationsoffizier an Bord des Schlachtkreuzers „Derfflinger". Kapitänleutnant Hellmuth von Mücke war an Bord auch als Unterrichtsoffizier für die politische Bildung der Mannschaft zuständig. Trotz seiner langen Auslandsverwendung hatte er die politische Entwicklung im deutschen Reich, sowie die russische Oktoberrevolution aufmerksam mitverfolgt. Die Besatzung der „Derfflinger" setzte sich zum großem Teil aus den im Frühjahr 1914 abgelösten Angehörigen des Ostasiengeschwaders zusammen. Die Mannschaft galt im allgemeinen als kaisertreu.[81]

Am 15. März 1918 brachte Carla von Mücke ihren ersten Sohn, Kurt Hellmuth Karl in Wilhelmshaven zur Welt. Aufgrund fiebriger Beschwerden, war Kapitänleutnant von Mücke für den Dienst an Bord nur mehr bedingt verwendungsfähig. Mit ziemlicher Sicherheit war eine nicht ausgeheilte Tropenkrankheit die Ursache der ständigen Fieberschübe. Sein Kommando an Bord konnte Kapitänleutnant von Mücke nicht mehr ausüben.

Nachdem im Frühjahr 1918 eine erhebliche Besserung des Gesundheitszustandes eingetreten war, wurde Kapitänleutnant von Mücke im Mai Kommandant der 1. Abteilung der II. Torpedoboots-Divison in Wilhelmshaven.

Kurze Zeit später hatte Kapitänleutnant von Mücke einen schweren Rückfall und konnte erst wieder im November seinen Dienst antreten.

1.8. Matrosenrevolte in Wilhelmshaven und das Ausscheiden aus der Marine

Von Kiel ausgehend hatte sich Anfang November 1918 eine Matrosenrevolte im ganzen deutschen Reich verbreitet. Ursache für den Matrosenaufstand war,dass von der deutsche Hochseeflotte Ende Oktober Vorbereitungen zu einem Vorstoß nach England getroffen wurde. Dazu diesem Zeitpunkt bereits der Notenwechsel über den Abschluss eines Waffenstillstandes zwischen der Reichsregierung und dem amerikanischen Präsidenten Wilson lief, hielten die Matrosen eine Schlacht für ein nutzloses Opfer. Spontan bildeten sich Matrosenräte und der Gehorsam wurde verweigert. Die Revolte erfasste danach Hamburg und verbreitete sich in kürzerster Zeit über das ganze Deutsche Reich.[82]

---

81   Hellmuth von Mücke Aufgabe war, den Leuten Vorträge zu halten, um der revolutionären Propaganda entgegenzuarbeiten. Zu diesem Zwecke wurden Kisten mit Bildern und Unterlagen aus Berlin übersandt, mit der Anweisung die Bilder zur „Ablenkung und Erheiterung" der Mannschaften überall am Schiff anzubringen. Einige Bilder zeigten Lenin und Trotzki. Mücke weigerte sich diesen Befehl mit der Begründung „er habe nicht die Absicht Landesverrat zu begehen", auszuführen. Vgl. Linie S.23.
82   Hans Otto Meissner 30. Jänner 1933. S.25,26.

Am 1. November 1918 trat Kapitänleutnant von Mücke nach längerer, schwerer Krankheit den Dienst bei der II. Torpedobootdivision an, diese Abteilung war ein Landtruppenteil. Kapitänleutnant von Mücke war als Abteilungskommandeur (entspricht einem Bataillonskommandanten) zugeteilt. Er hatte das Kommando über die erste und dritte Abteilung der Torpedobootdivision.

Die Angehörigen dieser Formation waren ältere Reservisten, welche für Bewachungsaufgaben der diversen Marineeinrichtungen herangezogen wurden. Die Disziplin war teilweise zusammengebrochen. Einzelne Fälle der Gehorsamsverweigerung waren bereits vorgefallen. In den gruppenweise dicht beieinanderliegenden Riesenkasernen Wilhelmshavens waren Zehntausende Menschen untergebracht.

Alle Mannschaft hatten Gewehre, die Kasernenbewachung war mit Maschinengewehren ausgerüstet. Die Lage war gespannt, unter den Mannschaften hatte sich die revolutionäre Stimmung ausgebreitet.

Der Ausbruch von Unruhen auf den Linienschiffen in Kiel war zu den Mannschaften in Wilhelmshaven durchgedrungen Am Vormittag des 1. November erstattete Kapitänleutnant von Mücke beim Divisionskommandeur Meldung über die gespannte Situation. Er rechnete mit dem Ausbruch von Unruhen am 6. November, falls der ausstehende Sold bis dahin nicht bezahlt werden konnte. Mücke schlug vor, alle Waffen aus den Kasernen herauszuholen und im Stabsgebäude zu lagern. Den Wachdienst sollten die Offiziere durchführen.

Außerdem verfügte Kapitänleutnant von Mücke über vierzig bewaffnete loyale Männer, welche die unbewaffneten Matrosen in Schach halten konnten. Er verlangte vom Kommandeur die vollständige Handlungsfreiheit. Der Divisionskommandeur lehnte den Vorschlag Kapitänleutnant von Mückes mit der Begründung ab: „daß man mit so einen Vorgehen die Matrosen nur reizen würde." [83]

Am 6. November 1918 begann in Wilhelmshaven die Matrosenrevolte. Durch Wilhelmshaven marschierten die Matrosen und Soldaten mit umgedrehten Gewehren und roten Fahnen. Kapitänleutnant von Mücke brachte zuerst seine Familie aus Wilhelmshaven heraus, und versah seinen Dienst weiter.

Der Arbeiter und Soldatenrat führte in Wilhelmshaven unter der Führung von Deckoffizieren[84] einen strengen Garnisonsdienst ein. Den Anordnungen der diensthabenden Offiziere wurde nicht mehr Folge geleistet. Auf seinen Posten hatte Kapitänleutnant von Mücke keine Schwierigkeiten mit den Mannschaften. Er hatte sich unter die Leute begeben und appellierte an ihre

---

83   Mücke, Linie S. 20.
84   Deckoffiziere sind nur ein in der Marine ein bekanntes Zwischenglied zwischen Unteroffizier und Offizier.

Loyalität. Das deutsche Reich befand sich noch im Kriegszustand und bei einem Angriff der Engländer auf Wilhelmshaven wäre die Stadt wehrlos.

Im Falle eines englischen Angriffes würden sich die Matrosen sofort wieder unter das Kommando der Offiziere stellen, versicherten die Matrosenräte.[85] Kapitänleutnant von Mücke verlangte die bedingungslose Wiederherstellung der alten Befehlsverhältnisse. Von einer Bestrafung der Mannschaft würde er absehen.[86]

Inzwischen hatte sich die Revolution über das ganze deutsche Reich verbreitet. Am 9. November 1918 um 11 Uhr legte der Reichkanzler Max von Baden seinen Posten nieder, und gab bekannt das Kaiser Wilhelm II. auf Rat der obersten Heeresleitung auf den Thron verzichten würde. Es folgte die Ausrufung der Republik und die Übertragung der Regierungsgeschäfte an den SPD-Vorsitzenden Friedrich Ebert. Abends gegen 9 Uhr kam nach Wilhelmshaven die Nachricht von der Abdankung Kaiser Wilhelms, gefolgt am nächsten Tag von der Meldung seines Übertritts auf holländisches Gebiet.

Um 9.30 Uhr abends, am 9. November reichte Kapitänleutnant Hellmuth von Mücke sein Abschiedsgesuch- gerichtet an das Kaiserliche Kommando der Nordseestation, beim Stationskommando ein. Er fühle sich durch seinen Eid an den Kaiser gebunden. Durch die Flucht Kaiser Wilhelms in Verbindung mit der Nachricht das er alle Offiziere vom Fahneneid entbunden hätte, war für Kapitänleutnant von Mücke jedes Band gelöst. Für die Verwendung gegen einen äußeren Feind würde er sich zur Verfügung stellen.[87]

Vom Stationskommando erhielt Kapitänleutnant von Mücke unbefristeten Urlaub und Befehl die Festung umgehend zu verlassen. Der Arbeiter- und Soldatenrat konnte seine Sicherheit nicht mehr garantieren, da er konterrevolutionärer Umtriebe beschuldigt wurde.

Für kurze Zeit verließ Hellmuth von Mücke Wilhelmshaven. Er war vom Verhalten Kaiser Wilhelm II. zutiefst enttäuscht. Auf diesen Monarchen hatte Hellmuth von Mücke seinen Eid geschworen, und nun hatte der Kaiser seine Offiziere und sein Volk in Stich gelassen.

---

85 Mücke, Linie. S.26.
86 Ein bei Helgoland auf Kriegsvorposten stehendes Schiff funkte nach Wilhelmshaven, dass englische Kreuzer in Sicht wären. Kurze Zeit danach wurde diese Meldung jedoch als Irrtum widerrufen.
87 Mücke, Linie, S.28.

In seinem Rückblick „Linie" beschreibt Hellmuth von Mücke seine eigene und die revolutionäre Stimmung in diesen Tagen mit folgenden Worten:

„Die Revolution, die trotz Fehlens jeder inneren Stärke doch wenigstens über ein gewisses Maß von Wollen verfügte, hatte gesiegt über die Schwäche der Gegenseite, die nicht das geringste Maß von Wollen aufzubringen imstande gewesen war. Je verzweifelter die Lage ist, je aussichtsloser sie erscheint, um so mehr hat sich der Kommandant allein an die Gebote der militärischen Ehre zu halten. Nachdem fast zwei Millionen einfacher Leute für den Kaiser und das Reich gefallen sind, darf der Kaiser nicht einfach abtreten. An der Front wurde damals noch schwer gekämpft. Als Oberster Kriegsherr hätte sich der Kaiser an die Spitze seiner Truppen stellen müssen, und von dem Vorrecht eines Führers Gebrauch zu machen, seiner Gefolgschaft vorsterben zu können."[88]

Nach Kriegsende wurde Hellmuth von Mücke offiziell als Korvettenkapitän von der Marine verabschiedet. Da er sich Zeit seines Lebens um Titeln wenig scherte, blieb Hellmuth von Mücke jedoch stets bei seinen in der Kaiserlichen Marine zuletzt geführten Dienstrang „Kapitänleutnant".

---

88   Mücke, Linie, S. 29,30..

2. DER POLITIKER 1919 BIS 1929

Um Hellmuth von Mückes politische Entwicklung darzustellen, soll eine Unterscheidung nach drei grundlegenden Abschnitten getroffen werden. Der erste Abschnitt beginnt unmittelbar nach Kriegsende. Die Novemberrevolution und die Abdankung Kaiser Wilhelms II. war ein weiterer Wendepunkt im Leben Hellmuth von Mückes. Er quittiert den Dienst, weil er sich an seinen Eid auf den Kaiser gebunden fühlt. Doch der aktive Hellmuth von Mücke konnte, und wollte nicht passiv beiseite stehen, als es galt Deutschland nach der Niederlage neu zu gestalten. Mit dem Eintritt in die Deutsch-Nationale Volkspartei (DAP) und der Gründung des Mücke-Bundes im Frühjahr 1919 beginnt Hellmuth von Mückes politische Tätigkeit. Der persönliche Einsatz für Deutschland stand im Vordergrund seines Handelns. Anfangs 1921 trat Hellmuth von Mücke der Nationalsozialistischen Deutschen Arbeiter Partei bei, welche zu dieser Zeit noch unter der Leitung Anton Drexlers stand. Die politische Arbeit war mit einer regen Vortragstätigkeit in Deutschland und den USA verbunden.

Der zweite Abschnitt beginnt nach dem gescheiterten Putsch Hitlers November 1923 in München. Nach dem anschließenden Verbot der NSDAP wird Hellmuth von Mücke für kurze Zeit einer der führenden Personen in der Nachfolgepartei der NSDAP in Sachsen. Gemeinsam mit den Brüdern Gregor und Otto Strasser ist er an der Wiedergründung der NSDAP in Sachsen maßgeblich beteiligt.

Helmuth von Mücke übernimmt den Fraktionsvorsitz in Sachsen und zieht als Abgeordneter in den Landtag ein. Er vertritt den „linken Flügel" der NSDAP und sucht im Landtag die Zusammenarbeit mit den Sozialdemokraten und den Kommunisten.

Mitte der zwanziger Jahre ist die Konkretisierung einer politischen Orientierung in Richtung eines Nationalen Sozialismus mit ausgesprochen „linken" Tendenzen zu erkennen (später wird Hellmuth von Mücke klare „Nationalbolschewistische" Ansichten vertreten).[89]

Daher wird der Beginn des Dritten Abschnittes um das Jahr 1926 angesetzt und endet mit dem spektakulären Austritt Hellmuth von Mückes aus der NSDAP im Jahre 1929. Nach diesen drei Etappen gegliedert soll im folgenden Hellmuth von Mückes Entwicklung vom überzeugten Nationalsozialisten zum politischen Schriftsteller und späteren scharfen Hitler - Gegner im Dritten Reich aufgezeigt werden.

---

89   Armin Mohler, Die konservative Revolution in Deutschland 1918-1932. 5.Aufl. Graz 1999 S. 470.

Wie so vieler seiner Zeitgenossen,wie z. B. der Marineoffizier und evangelische Pastor Martin Niemöller,[90] der später zu einem kompromisslosen Gegner der Nationalsozialisten wurde, war Hellmuth von Mücke von den Ereignissen und Erfahrungen des Ersten Weltkrieges zutiefst geprägt. An Bord der „Ayesha" sowie beim strapaziösem Marsch durch die arabische Wüste verschwanden fast alle Klassenunterschiede. In solchen Extremsituationen zählte in erster Linie die Gemeinschaft. In die politisch-historische Betrachtungsweise sollen auch diese Aspekte, welche man allgemein als das „Kriegserlebnis" (oder „Der Kampf als inneres Erlebnis" wie es Ernst Jünger in seinem gleichnamigen Werk formulierte) bezeichnen würde, einfließen.

Diese Faktoren sind bei den politischen Handlungen Hellmuth von Mückes zu berücksichtigen.

2.1. Politische Prägung nach der Novemberrevolution

Am 11. November 1918 wurde der Waffenstillstand zwischen dem Deutschen Reich und den Ententemächten im Wald von Compiegne,sechzig Kilometer nordöstlich von Paris unterzeichnet. Deutschland verpflichtete sich zur Räumung der besetzten Westgebiete und des linken Rheinufers binnen 15 Tagen, sowie zur Auslieferung des schweren Kriegsmaterials und der Unterseeboote. Die politische Lage war in ganz Deutschland angespannt. Im Dezember konnte der Reichskanzler Friedrich Ebert die Gewerkschaften, Unternehmervertreter sowie der Reichswehr zur Zusammenarbeit gewinnen. Dadurch konnte die Übernahme des russischen Rätesystems und die Diktator des Proletariats in Deutschland verhindert werden.

Auf dem Berliner Kongress der Arbeiter und Soldatenräte wurde im Dezember 1919 der Beschluss zur Durchführung von Wahlen zu einer Nationalversammlung gefasst. Die Unabhängige Sozialdemokratische Partei (USPD) eine radikale Abspaltung der SPD trat daraufhin aus dem Rat der Volksbeauftragten aus. Die extreme Linke sammelte sich in der am 1. Jänner 1919 von Karl Liebknecht und Rosa Luxemburg gegründeten Kommunistischen Partei Deutschlands (KPD). [91]

In Wilhelmshaven hatte sich die Situation weitgehend stabilisiert. Hellmuth von Mücke kehrte mit seiner Familie für kurze Zeit in die Stadt zurück, in Wilhelmshaven begannen die Vorbereitungen zu einer Nationalversamm-

---

90 Martin Niemöller (1892- 1984), Im Ersten Weltkrieg Marineoffizier. 1920 am Kapp-Putsch beteiligt. Danach Studium der protestantischen Theologie. Evangelischer Pastor, sympathisierte zuerst mit den Nationalsozialisten, ab 1934 strikter NS-Gegner. M. Niemöller wurde 1938 auf persönliche Anordnung von Hitler in den Konzentrationslagern Sachsenhausen und Dachau inhaftiert. Nach 1945 engagierte sich Niemöller aktiv in der Friedensbewegung, Vgl.Matthias Schreiber, Martin Niemöller, Hamburg 1997.

91 Hans Otto Meissner, 30. Januar 1933. Esslingen 1979, S.413.

lung. Zahlreiche Parteien wurden gegründet. Angehörige der USPD,welche aus Bremen vertrieben worden waren, marschierten in Richtung Wilhelmshaven. Der von der SPD kontrollierte Arbeiter und Soldatenrat beschloss umgehend die Stadt zu verteidigen. In der Zwischenzeit hatten die USPD-Truppen Wilhelmshaven mit der Bahn erreicht und eine Kaserne besetzt. Über die Vermittlung eines jungen Offiziers wurde Hellmuth von Mücke ersucht eine Sturmabteilung zu übernehmen.

Militärischer Gehorsam wurde zugesichert. Er lehnte das Ansuchen umgehend ab. Nach einigen Tagen ergaben sich die USPD-Truppen und zogen nach Oldenburg, wo sie das Spiel wiederholten.[92]

In den Weihnachtstagen 1918 kam es in Berlin zu Unruhen. Im Januar 1919 inszenierten die Führer der KPD den „Spartakusaufstand", der jedoch von regierungstreuen Truppen und den „Freikorps" niedergeschlagen wurde. Die Wahlen zur Nationalversammlung am 19. Januar 1919 verliefen ohne nennenswerte Störungen. Wider Erwarten erhielt die SPD nicht die erhoffte Mehrheit. Am 11. Februar 1919 wählte die nach Weimar einberufene Reichsversammlung Friedrich Ebert zum vorläufigen Reichspräsidenten. Ebert beauftragte seinen Parteifreund Philipp Scheidemann mit der Bildung der ersten Reichsregierung der ersten deutschen Republik.[93]

In der Zwischenzeit war die Familie von Mücke 1919 nach Eldena bei Greifswald übersiedelt. Bei den Wahlen zur Nationalversammlung nahm Hellmuth von Mücke eine klare politische Stellung. Er lehnte die neu gegründete Republik ab. Hellmuth von Mücke trat der Deutschnationalen Volkspartei bei, weil diese als einzige der Parteien sich zur Wiederherstellung der Monarchie bekannte. Doch im Frühjahr 1919 trennte sich Hellmuth von Mücke von der Deutschnationalen Volkspartei, weil er die dort von ihm angestrebte patriotische Linie vermisste. Er widmete sich zunehmend der Jugendarbeit.

Im März 1919 gründete Hellmuth von Mücke in Greifswald die erste Gruppe eines Jugendbundes. Der Bund wurde gegen seinen Wunsch „Mücke-Bund" genannt. Das Bundesabzeichen war ein Greif, der eine Wappentafel mit einem Hakenkreuz hält. [94]

---

92 Mücke, Linie, S. 33.
93 Meissner, S. 27.
94 Das Hakenkreuz -Sonnenrad ist ein altes Sonnenzeichen und stammt aus Indien. Es wurde von den verschiedenen nationalen und völkischen Gruppierungen als Symbol verwendet. Das Hakenkreuz galt als ein Zeichen für völkische Gesinnung. Die Marinebrigade Ehrhardt und das Freikorps Lützow führte das Hakenkreuz als Abzeichen. Die NSDAP war nur eine der vielen politischen Fraktionen,die das Hakenkreuz als Symbol verwendeten. In Indien ist es in umgekehrte Richtung auch heute noch zu sehen. Vgl Karlheinz Weißmann, Der Nationale Sozialismus S. 200..

Der Bund sollte die Jugend mit „Frontgeist" durchdringen und auf eine gemeinsame patriotische Linie bringen. Von jeglichen parteipolitischen Einflüssen sollte der „Mücke-Bund" freigehalten werden. Das Ziel des „Mücke-Bundes" war eine Zusammenfassung der deutschen Jugend zu einer Jugendgemeinschaft mit sozialistisch- völkischer Einstellung. Als ordentliche Mitglieder wurden Jugendliche beiderlei Geschlechts von zwölf bis zwanzig Jahren aufgenommen. Später bezeichnete Hellmuth von Mücke diesen Jugendbund als einzig wirklichen „Ur-Nationalsozialismus".[95]

Zwecks Deckung der Lebenserhaltungskosten seiner Familie war Hellmuth von Mücke im Frühjahr 1919 dazu übergegangen, über seine Kriegserlebnisse auf der „Emden" und „Ayesha" Vorträge zu halten. Im Ruhrgebiet beginnend, sprach Hellmuth von Mücke ohne Unterbrechung 46 Tage lang vor vollen Zuschauersälen. Er erwarb sich damit Verdienste für eine Steigerung des Marine-Bewusstseins im ganzen Land.[96]

In Frankfurt am Main wurde Hellmuth von Mücke während eines Vortrages von Kommunisten angegriffen und verletzt. Einige Männer zerrten ihn mit Gewalt aus dem Vortragsaal heraus, in einen Gärten wo die Räteversammlung gerade tagte.

Mit schussklarer Pistole hielten ihn mehrere Kommunisten in Schach. Hellmuth von Mücke wurde mit der Begründung festgehalten, dass er angeblich 1915 in Arabien einen Matrosen wegen Diebstahls einer Dose Kondensmilch ohne Gerichtverfahren erschossen und den Löwen zum Fraße vorgeworfen habe. Wegen dieser Tat sollte er vom Volksrat abgeurteilt werden. Als Zeuge war ein 13 Jahre alter Junge zugegen, der behauptete der Sohn des Matrosen zu sein. Doch Hellmuth von Mücke konnte die nicht ungefährliche Situation mit Humor entschärfen. Mit dem schlagkräftigen Argument, dass der älteste seiner Matrosen 1915 gerade 21 Jahre alt war und es außerdem in Arabien keine Löwen gibt, bereitete Hellmuth von Mücke dieser Posse ein rasches Ende. Die Volksversammlung ließ ihn mit der Auflage, Frankfurt sofort zu verlassen frei. Einige Bewacher brachten von Mücke zum Bahnhof.[97]

Er setzte nach dieser Episode seine Vortragstätigkeit mit Erfolg fort. Am 28. 6. 1919 unterzeichnete die deutsche Delegation im Spiegelsaal des Schlosses zu Versailles die Friedensbedingungen. Eine Bestimmung (Teil VII) der

---

95 Otto Ernst Schüddekopf, Nationalbolschewismus in Deutschland 1918-1933. 1972 Frankfurt/M S. 482.
96 Lochner, S. 434.
97 Hellmuth von Mücke hatte in dieser lebensgefährlichen Lage Glück. 1920 wurde der bekannte Jagdflieger Rudolf Berthold in einer ähnlichen Situation von Kommunisten ermordet. Vgl. Ezra Bowen, Kampfflieger des Ersten Weltkriegs S. 126.

insgesamt 440 Artikel betraf die Auslieferung der Kriegsverbrecher an die Siegermächte (Kaiser Wilhelm II. sollte vor Gericht gestellt werden).[98]

Eine dementsprechende Liste war der deutschen Delegation übergeben worden. Bis zum 10. 1. 1920 sollte diese Forderung erfüllt werden. Im Sommer des Jahres 1919 erhielt Hellmuth von Mücke aus wohlwollenden Kreisen die Nachricht, dass sein Name auf der englischen „Kriegsverbrecherliste" stand. Er sollte für einige Zeit das Land verlassen.

Warum kam Hellmuth von Mücke auf die Kriegsverbrecherliste ?. Die Anklage war völkerrechtlich sehr umstritten. Die Ententemächte wollte nicht alle Angeklagten verurteilen, um nicht den Anschein zu erwecken, dass dieser Prozess zur Befriedigung persönlicher Rachegefühle diente. Hellmuth von Mücke war ein solcher Freispruchskandidat. Er beschloss mitsamt seiner Familie für einige Zeit unterzutauchen. Hellmuth von Mücke täuschte eine Fahrt mit einer Segeljacht nach Schweden vor, tatsächlich verbarg er sich mit seiner Familie bei einem ehemaligen Angehörigen des Landungszuges, dem Matrosen Pinkert in Bliesenrade. Für einige Wochen wohnte die Familie von Mücke auf der Ostseeinsel. Beim Abschied streckte Hellmuth von Mücke eine Geldsumme für den Hauskauf den Matrosen Pinkert vor.[99]

Die Gefahr einer möglichen Auslieferung an die Entente war im Herbst 1919 abgewendet worden. Die Reichsregierung befolgte die Verordnung nur zögerlich.

Die Familie von Mücke zog nach Potsdam. Ende 1919 kam Hellmuth von Mücke in Kontakt mit dem ostpreußischen Generallandschaftsdirektor Wolfgang Kapp und erfuhr von dessen Umsturzabsichten. In längeren Gesprächen erörterten sie die Lage in Deutschland. Hellmuth von Mücke riet Kapp für ein vorsichtiges Vorgehen. Keinesfalls sollte Gewalt angewendet werden.

Die unmittelbare Folge des Versailler Vertrags mit der Kriegsschuldklausel war eine Stärkung der republikfeindlichen und Antidemokratischen Kräfte. Die Zeitfreiwilligen-Verbände und die Freikorps, die sich vielfach nach Kriegsende gebildet hatten, erfuhren dadurch eine erhebliche Stärkung.[100]

Mit der Inkrafttretung des Versailler Friedensvertrages am 13. Januar 1920 musste die Reichswehr auf 100 000 Mann reduziert, sowie alle Freikorpsverbände bis zum

---

98 Dtv-Atlas Weltgeschichte Band II. S.411.
99 Mücke, Linie, S. 124.
100 Der Versailler Vertrag legte in einer Präambel und im Artikel 231 die Kriegsschuld Deutschlands fast. Das Ansuchen der deutschen Regierung, die Kriegsschuldfrage durch eine neutrale Kommission klären zu lassen, wurde von der Entente abgelehnt. Deutschland wurde zur Unterschrift gezwungen. Vgl. Meissner 30. Januar 1933 S.353.

1. April aufgelöst werden. Es ging ein Sturm von Entrüstung durch die Reihen derjenigen die aufgelöst werden sollten. Im März 1920 holten die Gegner der Weimarer Republik zum Schlage aus.

Die Marinebrigade Ehrhardt[101] sowie einige unzufriedene Generäle, marschierten vom Truppenübungsplatz Döberitz, mit ihren Verbänden welche aufgelöst werden sollten, in Berlin ein. Die amtierende Reichsregierung wurde für abgesetzt erklärt und Generallandschaftsdirektor Kapp zum Regierungschef ernannt. Reichspräsident Ebert und die gesetzmäßige Regierung entzog sich der drohenden Festnahme, und riefen von Süddeutschland zum Generalstreik auf.[102]

Hellmuth von Mücke befand sich beim Ausbruch des Kapp-Umsturzes im Ruhrgebiet. Er fuhr auf schnellsten Weg nach Berlin. Der Kapp-Putsch war am Zusammenbruch. Hellmuth von Mücke versuchte die Putschisten zu unterstützen. Er organisierte Papier und ließ Flugblätter drucken, und verteilte diese aus seinem Auto heraus an die Bevölkerung Berlins. Doch der dilettantisch ausgeführte Kapp-Putsch brach in sich zusammen. Die gesamte Arbeiterschaft leistete den Streikaufruf der Regierung Folge. Die reguläre Armee (Reichswehr) und die Beamtenschaft standen in - distanzierte Loyalität zu Weimarer Republik.

Die Putschisten mussten nach wenigen Tagen einsehen, dass ihr Staatstreich angesichts des Widerstandes der Arbeiter und Beamten gescheitert war. Am 18. März 1920 floh Kapp nach Schweden, die Reichsregierung kehrte nach Berlin zurück. [103]

Der erste Ansturm gegen die Weimarer Republik war erfolgreich abgewehrt worden. Für Hellmuth von Mücke hatte die Parteinahme für den Kapp-Putsch keine weiteren Folgen. Er blieb für die nächste Zeit mit seiner Familie in Potsdam. Mittlerweile hatte Carla von Mücke 1920 die Tochter Ursula zur Welt gebracht.

Neben seiner regen Vortragstätigkeit, arbeitete Hellmuth von Mücke weiter am Ausbau des Mücke-Bundes. Mit General Erich Ludendorff wurde die Zusammenarbeit vertieft. Eine eigene Mitteilungsblatt wurde herausgegeben. Doch in finanzieller Hinsicht stand es um den Jugendbund nicht zum besten. Über einen Aufruf in verschiedenen Zeitschriften versuchte Hellmuth von Mücke Unterstützung von nationalen Kreisen für seinen Bund zu bekommen. Der Aufruf blieb weitgehend erfolglos. Aufgrund schwerer persönlicher Diffe-

---

101 Kapitän Hermann Ehrhardt (1881-1971) bildete 1919 ein Freikorps, die Brigade Ehrhardt, welche an mehreren. republikfeindliche Aktionen führend beteiligt war. Nach Hitlers Machtübernahme geriet Ehrhardt zunehmend in Opposition zu Hitler und mußte 1934 aus Deutschland fliehen. Vgl. Claus Wolfschlag, Hitlers rechte Gegner, Engerda 1995, S.20.
102 Werner Maser, Der Sturm auf die Republik. Düsseldorf 1994. S.212, 213.
103 Karlheinz Weißmann, Der Nationale Sozialismus. München 1998. S. 201.

renzen stellte Hellmuth von Mücke die Zusammenarbeit mit dem hessischen Jugendbund des Regierungsbaumeisters Rudolf Schäfer ein. Dieser übersandte Hellmuth von Mücke eine „Duellforderung", die von Mücke umgehend ablehnte.[104]

Im Januar 1921 hatte Hellmuth von Mücke mit dem Parteivorsitzenden der NSDAP, Anton Drexler persönlich Verbindung aufgenommen.

2.2. Der Eintritt Hellmuth von Mückes in die NSDAP

Am 5. Januar 1919 gründete der Schlosser Anton Drexler und der Sportjournalist Karl Harrer die Deutsche Arbeiterpartei (DAP) in München. Drexler ging es vor allem darum, die Arbeiterschaft von der Wichtigkeit nationalpolitischer Ziele zu überzeugen. In einer Broschüre mit dem Titel „Mein politisches Erwachen" bezeichnete sich Drexler als Sozialist, der die Gleichberechtigung aller Arbeiter fordere und für die Abschaffung des arbeits- und mühelosen Gewinns eintrete.[105]

Unterstützung erhielt die DAP von der „Thule-Gesellschaft", eine Vereinigung radikal-antisemitischer Münchner Bürger, mit deutlichen Zügen eines politischen Geheimbundes. Die Schlüsselfigur der „Thule-Gesellschaft" war ihr Vorsitzender Rudolf von Sebottendorf (ein Mitglied der „Thulegesellschaft" nämlich Rudolf Heß besetzte später im Dritten Reich eine der höchsten Stellen). Bei Ausbruch der Revolution in Bayern wurde die „Thule-Gesellschaft aufgelöst, einige ihre Mitglieder wurden von den roten Truppen erschossen. Sebottendorf floh aus München und setzte sich später ins Ausland ab.[106]

Nach der Niederwerfung der Bayrischen Räterepublik im Mai 1919 begann der Aufstieg der DAP. Anton Drexler begann, Vertreter des völkischen und nationalistischen Lagers zu Vorträgen einzuladen. An einer entsprechenden Veranstaltung hatte auch Adolf Hitler teilgenommen. Kurze Zeit später wurde Hitler Mitglied in der DAP und übernahm die Funktion eines Werbeobmanns.[107]

Hitler setzte sich mit persönlichem Einsatz für den Ausbau der Propaganda der DAP ein. Durch massiven Werbeeinsatz mit Hilfe von Handzetteln und Plakaten wurden die zahlreichen Veranstaltungen der DAP propagiert. Anton Drexler unterstützte Hitlers offensive Vorgangsweise.

---

104 Die Zweikampfaufforderung sendete Schäfer über eine Studentenverbindung. Als kaiserlicher Offizier lehnte v. Mücke es ab, sich unter die Ehrenbestimmungen einer Verbindung zu stellen. Vgl. Mücke, Linie S. 142.
105 Werner Maser, Der Sturm auf die Republik, S.150.
106 Nicholas Goodrick-Clarke, Die okkulten Wurzeln des Nationalsozialismus. Graz 1997, S. 131,132.
107 Karlheinz Weißmann, Der Nationale Sozialismus, S. 188,189.

Es gab Widerstand in der Führung der DAP gegen den von Hitler forcierten Schritt in die Öffentlichkeit. Karl Harrer trat nachdem er seinen Kurs nicht durchsetzen konnte, am 5. Januar 1920 von allen Parteifunktionen zurück.[108]

Anfang des Jahres 1920 war die DAP eine regionale politische Größe in Bayern. Das ideologische Konzept der DAP unterschied sich nicht wesentlich von den vielen anderen nationalrevolutionären, völkischen oder alldeutscher Organisationen. Am 24. Februar 1920 wurde das gemeinsam von Drexler und Hitler ausgearbeitete Parteiprogramm der DAP, mit 25 Punkten bei einer Massenversammlung mit 2000 Teilnehmern im Münchner Hofbräuhaus der Öffentlichkeit vorgestellt. Kurze Zeit nach der Verabschiedung des Programms erfolgte die Änderung des Parteinamens der DAP in Nationalsozialistische Deutsche Arbeiter Partei (NSDAP).[109]

Der Begriff vom nationalen Sozialismus war in der DAP schon vorher gebräuchlich gewesen. Der Begriff selbst geht auf den Nationalökonomen Wichard von Moellendorf zurück, der seit 1914 einer der wichtigsten Berater Rathenaus war.[110] Seit November 1918 war Moellendorf Unterstaatsekretär im Reichswirtschaftsamt. Sein Plan für eine staatssozialistische Konzeption stieß in der Sozialdemokratie und in Industriellenkreisen auf massiven Widerstand. Im Juni 1919 trat Moellendorf von seinem Amt zurück. [111]

Am 18. April 1920 entstand in Rosenheim in Bayern die erste Ortsgruppe der NSDAP außerhalb Münchens. Das Parteiprogramm der NSDAP wurde an gleichgesinnte politische Gruppierungen in ganz Deutschland versendet. Am 5. Juni 1920 wurde in Dortmund eine weitere Ortsgruppe

gegründet. [112]

Seit dem Jahresende 1920 verfügte die NSDAP über ihre erste eigene Zeitung, dem „Völkischen Beobachter". Am 17. Dezember war der Franz Eher Verlag welcher den „Völkische Beobachter" herausgab, erworben worden. Er erschien bis zum November 1923 zweimal wöchentlich. Am 29. Juli 1921 wurde Adolf Hitler zum Vorsitzenden der NSDAP gewählt. Das Amt war auf die massive Forderung Hitlers, mit diktatorischen Vollmachten ausgestattet.

Im Januar 1921 traf Hellmuth von Mücke mit Anton Drexler und Adolf Hitler zusammen. Er wollte sich persönlich über das Programm und die Arbeitswei-

---

108 Weißmann, S. 190.
109 Meissner, S.413.
110 Heinrich August Winkler, Weimar 1918-1933. München 1993, S.194.
111 Moellendorfs Ideen hatten Rathenau schon während der Kriegszeit beeinflusst, und wirkte später nach in dessen Konzeption einer elitär geführten Volksdemokratie auf sozialistischer Grundlage. Hier zeigt es sich welche Attraktivität die Idee eines nationalen Sozialismus in der ersten Nachkriegszeit besaß. Vgl. Weißmann, S. 195.
112 Maser, S. 237.

se der Partei informieren. Die Unterredung brachte eine völlige politische Übereinstimmung zwischen Mücke und Drexler zutage. Nur in einem Punkt gab es eine Differenz. Drexler und Hitler sahen als oberste Leitung des Staates eine Art Direktorium vor, während Mücke für eine Volksmonarchie als Staatsform eintrat.

Doch beide Seiten sahen über diesen Punkt hinweg. Helmuth von Mücke trat der Ortsgruppe München der NSDAP bei. Drexler und Hitler waren über diesen Schritt sehr erfreut. Es gab in den Reihen der NSDAP nur eine kleine Anzahl von Leuten bürgerlicher Herkunft. Außerdem war der Name „Hellmut von Mücke" in der Öffentlichkeit bekannt. Drexler und Hitler ersuchten von Mücke öffentlich für die Nationalsozialistische Partei zu werben.

Dieses Ansuchen lehnte er mit der Begründung ab, dass es für die Partei nicht von Nutzen wäre, wenn ein bekannter kaiserlicher Offizier zu sehr in der Öffentlichkeit auftreten würde. Besonders die Arbeiter, deren Gewinnung das Hauptziel der Partei wäre, würden durch seine Person abgeschreckt werden.

Durch Hellmuth von Mückes Eintreten während der Matrosenrevolte für den Kaiser und die Teilnahme an dem Kapp-Putsch, würde der Eindruck entstehen, dass die NSDAP eine reaktionäre Partei sei. Drexler und Hitler konnten sich diesen Argumenten nicht verschließen. Es wurde beschlossen, dass Mücke erst nachdem sich die Lage beruhigt hätte, öffentlich in Erscheinung treten werde. Bis dahin sollte er stille Unterstützung leisten. Das Ersuchen einen Vortrag über seine Kriegszeit zu halten kam Mücke gerne nach.

Im übervollen Bürgerbräukeller in München hielt er kurze Zeit später einen Vortrag über seine Kriegserlebnisse. Es waren sehr viele Weltkriegsteilnehmer zugegen. Die gemeinsame Kriegserfahrung schuf ein festes Band zwischen Hellmuth von Mücke und den Zuhörern. Die Einnahmen spendete er der Partei. Es war das erste öffentliche Auftreten Hellmuth von Mückes als Nationalsozialist. Er bezeichnete sich selbst als „völkischer Sozialist". [113]

Aufgrund seines Eintrittes in die NSDAP handelte sich Hellmuth von Mücke harsche Kritik aus Offizierskreisen ein. Die kaiserlichen Offiziere waren in ihrer Haltung konservativ eingestellt. Das Wort „sozialistisch" im Namen der NSDAP machte die Mitgliedschaft eines Offiziers der Kaiserlichen Marine in dieser Partei geradezu zu einer Art Verrat.[114]

Zu Jahresbeginn 1922 verlegte die Familie von Mücke ihren Wohnsitz nach Dresden. In Sachsen widmete er sich den Aufbau einer NSDAP-Ortsgruppe. Das Land galt als eine Hochburg der Sozialdemokraten und Kommunisten.

Es begannen sich bald in Sachsen kleine Gruppen von Nationalsozialisten zu bilden und zusammen zu schließen. Hellmuth von Mücke förderte nach Möglichkeit die Bewegung. Für das Parteiliederbuch schrieb er zwei Verse.

---

113 Mücke, Linie, S.149.
114 Mücke, Linie. S. 150.

Der „Mücke-Bund" war in der Zwischenzeit in den Wirren der Inflation untergegangen. Nominell bestand der Jugendbund bis zu seiner endgültigen Auflösung im Jahre 1927 noch weiter, war aber nicht mehr wirklich existent. Die, in Deutschland infolge der Geldentwertung immer drückender werdende wirtschaftliche Lage betraf einen Großteil der Bevölkerung und machte auch nicht vor der Familie von Mücke halt. 1922 kam das dritte Kind, Ortrud zur Welt. Im Laufe des Jahres 1922 erhielt Hellmuth von Mücke aus deutschamerikanischen Kreise die Aufforderung, in die Vereinigten Staaten zu kommen, und dort über seine Kriegserlebnisse Vorträge zu halten. Er nahm dieses Angebot ohne zu zögern an, schließlich waren die Vorträge eine wesentliche Einnahmequelle Hellmuth von Mückes. Die Bezahlung würde in harten Dollar erfolgen. Er erhielt einen Vorschuss um den hohen Überfahrtspreis bezahlen zu können.[115]

2.3. Vortragsreise in die Vereinigten Staaten

Im Herbst 1922 trat Hellmuth von Mücke allein die Reise in die Vereinigten Staaten an. Zwischen Deutschland und den Vereinigten Staaten herrschte 1922 formell nur Waffenstillstand. Die Handelsbeziehungen waren nur aufgrund gegenseitiger Vereinbarungen wieder aufgenommen worden. Zu dieser Zeit erschien es ungewöhnlich dass ein bekannter deutscher Marineoffizier nach Nordamerika kam, um öffentlich Vorträge über den Seekrieg zu halten.

Bei seiner Ankunft in New York wurde Hellmuth von Mücke von einem Beamten des Secret Department über die Gründe seiner Vortragstätigkeit befragt. Das Gespräch verlief in freundlicher Form, der Beamte zeigte sich durchaus beeindruckt von den Fahrten auf der „Emden und „Ayesha". Auch in den Zeitungen fand der Besuch von Mückes seinen Widerhall. Einige Blätter protestierten sogar, dass ein „deutscher Seepirat" öffentliche Vorträge in den Vereinigten Staaten halten konnte. Doch die offiziellen amerikanischen Stellen entgegneten, dass gegen die Vortragstätigkeit Hellmuth von Mückes nichts einzuwenden wäre, solange er nicht gegen die Landesgesetze verstieß. Nach einigen Tagen legte sich die Aufregung wieder, und die Presse berichtete wieder vom alltäglichen Geschehen.[116]

Seine Vortragsreise begann Hellmuth von Mücke in Chicago und setzte sie in Detroit und New York fort. Von den deutschamerikanischen Vereinigungen wurde Hellmuth von Mücke überall begeistert aufgenommen, zahlreiche Festessen wurden ihn zu Ehren, gegeben. Alle Vorträge verliefen ohne Zwischenfälle erfolgreich ab. Die amerikanische Presse wich von ihrer kritischen Haltung ab, und schrieb zunehmend in einem einen freundlichen Ton.

---

115 Mücke, Linie, S. 158.
116 Mücke, Linie. S.160

Dem amerikanischen Lebensstil konnte von Mücke nicht viel abgewinnen. Er lehnte den „American Way of life" ab. Mit eigenen Worten beschreibt Hellmuth von Mücke seine Eindrücke über die Vereinigten Staaten:

> „Der Chauvinismus macht die Amerikaner blind gegen die Zustände im eigenen Staate. Es ist in Amerika alles grundsätzlich schöner und besser als irgendwo anders. Dabei ist von Freiheit persönlicher Art drüben nichts zu spüren. In brutalster Weise herrscht lediglich das Gold".[117]

Im Januar 1923 nahm Hellmuth von Mücke in New York teil, an der großen Protestversammlung der Deutschamerikaner gegen die am 11. Januar erfolgte französische Besetzung des Ruhrgebietes.

Vor seiner Rückfahrt stellte Hellmuth von Mücke einen Teil seiner Einnahmen den „vereinigten deutschen Gesellschaften" zur Verfügung. Es wurde vertraglich vereinbart, dass dieses Geld für Lebensmittelsendungen nach Deutschland verwendet werden sollte. Nach von Mückes Abreise verschwand das Geld auf undurchsichtige Weise.

Im Frühjahr 1923 kehrte Hellmuth von Mücke nach Deutschland zurück. In finanzieller Hinsicht war die Vortragsreise erfolgreich verlaufen. Mücke verfügte über eine ansehnliche Barschaft in amerikanischen Dollars. Umgehend spendete er 500 Dollar für die NSDAP. Die Parteizeitung „Völkischer Beobachter" war in finanzielle Schwierigkeiten geraten, die für die Partei bestimmten 500 Dollar stellten in der Inflationszeit eine gewichtige Summe dar.[118]

Anton Drexler suchte von Mücke persönlich in Dresden auf, um die Spende abzuholen. Drexler informierte von Mücke über Entwicklungen in der NSDAP und die derzeitige innenpolitische Lage in Deutschland. Am 11. Januar 1923 waren französische Truppen ins Ruhrgebiet einmarschiert, weil Deutschland mit Holz und Kohlelieferungen in einen geringen Rückstand geraten war. Ziel der Franzosen war es das Ruhrgebiet von Deutschland abzutrennen.

Die militärisch machtlose Reichsregierung hatte den „passiven Widerstand" erklärt. Kleine Sabotageaktionen gegen die französische Besatzung. wurden sowohl von rechten als auch linken Gruppierungen durchgeführt.[119]

Die Inflation war in Deutschland weiter angestiegen. Hunderttausende Vermögen wurden zerstört. Hellmuth von Mücke und Anton Drexler sprachen über die Ziele und Absichten der NSDAP. Eine weitgehende Übereinstim-

---

117 Mücke, Linie, S. 177.
118 Maser, Der Sturm auf die Republik. S.398.
119 Die bekannteste Aktion gegen die Franzosen im Ruhrkampf war die Eisenbahnbrückensprengung des ehemaligen Freikorpsangehörigen Albert Leo Schlageter.(1894-1923) Er wurde von den Franzosen hingerichtet. Hitler machte später Schlageter zu einem „Nationalsozialisten, Vgl Meissner, S. 354.

mung der Standpunkte konnte festgestellt werden. Hitlers autoritären Führungsstil standen beide kritisch gegenüber. Hellmuth von Mücke gewann den Eindruck, dass die innenpolitische Lage in Deutschland zu einer Entladung drängte.[120]

Exkurs: Der Hitler Putsch 1923 und das Verbot der NSDAP

Hitlers Aufstieg in der NSDAP begann zwischen 1921 und 1923. Nachdem er am 29. Juli 1921 den Parteivorsitz übernommen hatte, widmete er sich ganz der Parteiarbeit. Unter Hitlers Einfluss wandelte sich der Umfang und die Struktur der NSDAP ganz deutlich. Bestand die alte DAP ursprünglich aus Arbeitern und Handwerkern, so traten der Partei immer häufiger Gewerbetreibende, Kaufleute Beamte und Akademiker bei. Hitler ging es nicht darum Mitglieder zum werben, sondern um „Volksaufklärung." Er verstand darunter, dass durch die Propaganda der NSDAP ein Gesinnungswandel der Bevölkerung erreicht werden sollte. Die Bevölkerung sollte zu einem ideologischen Block verschmelzen, dann erst könnte die so organisierte Masse zum Einsatz gebracht werden. Um dieses Ziel zu erreichen benutzte Hitler einen wesentlich aggressiveren Agitationsstil, er erhöhte außerdem die Zahl der Parteiveranstaltungen um mehr als das doppelte. Durch seine persönliche Ausstrahlung und sein demagogisches Talent, erhöhte Hitler innerhalb kurzer Zeit die Anzahl der Parteimitglieder. Anfangs des Jahres 1923 war die NSDAP zu einer entscheidenden Größe in der bayrischen Innenpolitik geworden.[121]

Eine weitere personelle Verstärkung erhielt die NSDAP mit dem Beitritt Erich Ludendorffs.[122] Nach dem gescheiterten Kapp-Putsch war Ludendorff nach München gezogen. Seit 1921 hatte Ludendorff Verbindungen zur NSDAP. In München wurde er bald zum Kristallisationskern der nationalen Opposition.

Erich Ludendorff glaubte, hinter den nach außen erkennbaren Vorgängen das Wirken von „überstaatlichen Mächten" auf das politische Geschehen feststellen zu können, Juden, Freimaurer und Katholiken waren für die Zustände in Deutschland verantwortlich. In späteren Jahren vertrat Ludendorff, unter dem Einfluss seiner Frau Mathilde diese Position in manischer Form.[123]

---

120 Mücke, Linie. S.. 200.
121 Weißmann, Der nationale Sozialismus. S. 206,207.
122 Erich Ludendorff (1865-1937) übernahm August 1916 gemeinsam mit Hindenburg die oberste Heeresleitung. Er hatte so starken Einfluß auf die Kriegsführung und Politik das man von einer „Diktatur Ludendorff" sprach. Kurz vor Kriegsende wurde L. entlassen. Ging für einige Zeit nach Schweden ins Exil Nach dem Hitler-Putsch wurde Ludendorff ein Gegner Hitlers. Vgl Armin Mohler, Die konservative Revolution in Deutschland, S. 388-392.
123 Vgl.Mohler, Die konservative Revolution in Deutschland 1918-1932. S.391-395..

Im August 1923 bildete der Nationalliberale Gustav Stresemann im Reichstag eine Koalitionsregierung zwischen SPD, Zentrum und DVP. Die Regierungsbildung erfolgte zu einer Zeit großer innenpolitischer Spannungen in Deutschland. Im Rheinland gab es separatistische Strömungen, die von Frankreich und Belgien unterstützt wurden.

In Sachsen und Thüringen bildeten die Sozialdemokraten und die KPD Landesregierungen und stellten bewaffnete Einheiten auf. Im September 1923 befahl Berlin den Widerstand gegen die französische Besetzung im Ruhrgebiet einzustellen. Im Hamburg kam es am 22. Oktober 1923 zu einer gewaltsamen Erhebung von radikalen linken Kräften. Zwar wurde die Reichswehr rasch Herr der Lage, aber eine Beruhigung der Gesamtsituation war nicht in Sicht. In Bayern trat die NSDAP mit ihren militärisch organisierten „Sturmabteilungen" (SA) immer radikaler in Erscheinung.

Bereits am 27. September hatte die Reichsregierung den Ausnahmezustand verhängt. Dieses Vorgehen stieß auf Ablehnung in Bayern.

Dort hatte man bereits einen Tag zuvor einen eigenen Ausnahmezustand über Bayern verhängt. Ministerpräsident von Knilling setzte die Verfassung vorübergehend außer Kraft und ernannte Gustav von Kahr zum Generalstaatskommissar für Bayern. Diese Maßnahme sollte einen rechtsradikalen Putschversuch verhindern.[124]

Adolf Hitler hatte mehrmals von der Möglichkeit eines Staatsstreiches gesprochen.

Das so ein Putsch Erfolg haben konnte, hatte Benito Mussolini 1922 in Italien mit seinem „Marsch auf Rom" bewiesen. Adolf Hitler wurde von seinen Parteigenossen schon als Führer genannt, diese Bezeichnung erhielt einen pathetischen Beiklang, und erinnerte an den Ausdruck „Duce" der bereits für Mussolini verwendet wurde.[125]

Kahr verbot die Massenversammlungen der NSDAP. Hitler polemisierte gegen die Diktatur Kahr. Anfang November beschloss Hitler zu handeln. Der Putsch sollte von München aus die Reichsregierung in Berlin stürzen. Hitler schwebte eine Machtübernahme nach dem Vorbild Mussolinis in Italien vor. Außer dem engsten Kreis und Ludendorff wurde niemand in die Planung des Umsturzes eingeweiht. Am 8. November 1923 versammelten sich im Münchener Bürgerbräukeller die Repräsentanten aus Politik, Verwaltung und Reichswehr unter der Führung von Kahr. Kurz nach 20.45 Uhr besetzte Hitler mit SA-Männern den Saal und verkündete die nationale Revolution. Hitler erklärte die bayrische Regierung für abgesetzt. Der später eintreffende Ludendorff konnte Kahr für eine nationale Regierung gewinnen. Man einigte

---

124 Maser, S. 426.
125 Weißmann, S.219.

sich dass, Ludendorff Regierungschef, und Kahr Landesverweser von Bayern werden sollte.

Doch Kahr und seine Gefolgsleute gingen nur zum Schein auf Hitlers Bedingungen ein. Kahr verließ den Saal. Hitler und seine Gefolgsleute blieben über Nacht im Bürgerbräukeller.

Zwischen Hitler und Ludendorff kam es zu einer Auseinandersetzung über das weitere Vorgehen. Die erhoffte Unterstützung durch die Reichswehr und die Bevölkerung für Hitler blieb aus. Währenddessen hatte Kahr die Reichswehr und Polizei für ein Vorgehen gegen Hitler gewonnen.

Der später berühmt gewordene Marsch zur Feldherrnhalle war ein Verzweiflungsschritt der Putschisten. 200 Mann marschierten vom Bürgerbräukeller zu Isartor. Der Zug wurde von einer unterstützenden Menschenmenge begleitet, vor der Feldherrnhalle wurde der Zug von der Landespolizei aufgehalten. Es kam zu einen Schusswechsel zwischen der Polizei und den Putschisten. Wer das Feuer eröffnet hatte, ist bis heute nicht restlos geklärt. Auf Seiten der Polizei wurden 4 Männer getötet während bei den Putschisten 16 Männer ums Leben kamen. [126]

Im Feuer der Landespolizei brach der Putschversuch zusammen. Ludendorff wurde verhaftet. Hitler floh verletzt aus München nach Uffing am Staffelsee zu Ernst Hanfstaengl. Am 11. September wurde Hitler von der Polizei verhaftet und auf die Festung Landsberg am Lech überführt. [127]

2.4. Fraktionsvorsitz in Sachsen

Nachdem Hellmuth von Mücke aus den Zeitungsnachrichten über den Ausbruch des Putsches erfahren hatte, fuhr er von Dresden nach München. Er kam erst nach dem Zusammenbruch des Putsches in der Stadt an. Mücke blieb einige Tage in München und erfuhr die Hintergründe des misslungenen Staatsstreiches. Mit Kapitän Ehrhardt hatte er ein ausführliches Gespräch. Die gegenseitige Sympathie der beiden Marineoffiziere hielt sich in Grenzen. Hitler wurde einige Tage nach dem gescheiterten Staatsstreich verhaftet, die NSDAP landesweit verboten.

Nach den Ereignissen in Bayern begab sich Hellmuth von Mücke im Dezember mit der ganzen Familie auf eine zweite Vortragsreise in die Vereinigten Staaten. Es kam nur zu einem kurzen Aufenthalt. Die Nachricht von der Auflösung des Reichstages und die Neuausschreibung der Wahlen veranlassten Hellmuth von Mücke die Vortragsreise im März 1924 abzubrechen, und nach Deutschland zurückzukehren.

Anstelle des in der Festung Landsberg einsitzenden Hitlers hatte Alfred Rosenberg die Parteileitung übernommen. Am 24. Februar 1924 schloss Ro-

---

126 Weißmann, S. 233.
127 Maser, S. 460.

senberg ein Abkommen mit der von Albrecht von Graefe geführten Deutsch-Völkischen -Freiheitspartei über ein gemeinsames Vorgehen bei der Reichstagswahl. Nach Deutschland zurückgekehrt, widmete sich Hellmuth von Mücke dem Aufbau der völligen unorganisierten Nachfolgepartei der NSDAP in Sachsen.

Bei Hellmuth von Mückes Eintreffen in Sachsen waren die Vorbereitungen zur Wahl fast fertig. Ohne seines Wissens war er als Spitzenkandidat für Ostsachsen aufgestellt worden. Die nach Amerika nachgesandte Mitteilung, mit der Aufforderung zurückzukehren hatte von Mücke nicht mehr erreicht.

In Sachsen hatte sich unter dem Namen „Völkisch-Sozialer Block" eine Nachfolgepartei der verbotenen NSDAP gebildet. Diese Vereinigung war ein Zusammenschluss von Nationalsozialisten, Mitglieder der Deutsch-Völkischen - Freiheitspartei und Mitglieder der Brigade Ehrhardt. Hellmuth von Mücke stand dieser Entwicklung kritisch gegenüber. [128]

Rein aus ideologischen Gründen war Hellmuth von Mücke gegen eine Zusammenarbeit mit der Freiheitspartei. Ihren Vorsitzenden von Graefe kannte er noch aus Berlin. Eine Zusammenkoppelung des nationalrevolutionären Sozialismus und dem von der Freiheitspartei vertretenen reaktionären Parlamentarismus war für Mücke von Anfang an unmöglich. In der ersten Blockversammlung sah sich von Mücke Angriffe einzelner Delegierter der Freiheitspartei ausgesetzt.

Der Versuch ihm durch einen Kandidaten der Freiheitspartei zu ersetzen, scheiterte jedoch, Hellmuth von Mücke war bei der Basis zu populär. Bei den Reichstagswahlen im Mai war der Völkische Block erfolgreich. Die Parteiinternen Streitigkeiten gingen trotz des Erfolges weiter. Mehrmals wendeten sich Hellmuth von Mücke mit der Aufforderung an Rosenberg die Machenschaften von Seiten der Freiheitspartei gegen seine Person einzustellen. Mitglieder der mittlerweile aus dem Block ausgetretenen Brigade Ehrhardt warfen von Mücke die Unterschlagung von Parteigeldern vor. Diese Vorwürfe waren eine böswillige Intrige und erwiesen sich als völlig haltlos. Die Hauptantreiber der Verleumdungen waren Kapitänleutnant Manfred von

---

128 Mücke, Linie. S. 204,205.

Killinger [129] und Major a.D. Schäffer. Killinger hatte Hellmuth von Mücke der Unterschlagung von Geldern in Zusammenhang mit der Sammeltätigkeit des Kampfverbandes Sachsen, welcher 1923 unter dem Eindruck der Ruhrbesetzung gegründet worden war, beschuldigt. Killinger musste später mit einer Ehrenerklärung alle Vorwürfe gegen Hellmuth von Mücke zurücknehmen. [130]

Diese Angelegenheit wirbelte viel Staub auf. Bei der Dezemberwahl 1924 zum Reichstag ging die Stimmenanzahl des Blocks von rund 50 000 auf 5000 zurück.

Mitte Juni besuchten Graefe und Feder Hitler in Landsberg, um die bestehenden Konflikte auszuräumen. Doch Hitler weigerte sich einer Verschmelzung von Deutsch-Völkischen und Nationalsozialisten seine Zustimmung zu geben. Die offene Frage der Verschmelzung der Freiheitspartei mit den Nationalsozialisten sollte auf einem Parteitag geklärt werden. Die Tagung fand am 20. Juli 1924 in Weimar statt. Die wichtigsten Punkte waren, die Vereinigung mit der Freiheitspartei, die Reichsführerschaft und die Wahlen.

Als Vertreter des zu fünf Jahren Festungshaft verurteilten Hitlers, sprach Alfred Rosenberg. In seiner Rede interpretierte er den Nationalsozialismus. Die wichtigsten Teilnehmer dieser Tagung waren: Gottfried Feder, Julius Streicher, Gregor Strasser und Erich Ludendorff. [131]

Auf dem Parteitag hielt Hellmuth von Mücke ein Referat. In seiner Rede sprach er sich in scharfer Form gegen eine Verschmelzung mit der Deutsch-Völkischen - Freiheitspartei aus. Eine Verbürgerlichung der Bewegung wollte von Mücke verhindern. Ebenso vertrat er eine kompromisslose Haltung gegenüber jeglichen Auswuchses von Machtmissbrauch durch die Funktionäre. Die Reichsführerschaft sollte von Hitler und Ludendorff übernommen werden. Laute Zwischenrufe waren die Folge. Einige Teilnehmer unterstützten den Standpunkt von Mückes. Zum Abschluss des Parteitages wurden zwei Fragen gestellt:

1. Sind sie für eine Verschmelzung mit der Deutsch-Völkischen Freiheitspartei oder nicht ?

2. Erkennen sie die Reichsführerschaft an ?

---

129 Manfred Freiherr von Killinger (1886-1944), Kapitänleutnant a.D. Angehöriger der Marinebrigade Ehrhardt. 1923 -1927 Führer des Bundes Wiking. Nach Hitlers Machtübenahme tritt Killinger in den diplomatischen Dienst, 1936-1938 Generalkonsul in San Franciso, 1941 -1944 Gesandter in Bukarest, 1944 Selbstmord. Vgl. Mohler S.449.
130 Killinger musste 1928 auf Anweisung Hitlers diese Erklärung abgeben.
131 Maser, S. 252.

Die erste Frage lehnte Hellmuth von Mücke ab, bei der zweiten gab er seine Zustimmung. Ein Teil der Vertreter stellte sich bedingungslos hinter die Reichsleitung und trat für eine Verschmelzung mit der Freiheitspartei ein. Einige Teilnehmer lehnten alle beiden Fragen ab. Der nicht anwesende Hitler hatte sich auf einen neutralen Standpunkt festgelegt. Eine Entscheidung in irgendwelcher Art war nicht erfolgt. Die Weimarer Tagung endete ergebnislos. Mücke schreibt später in seinen Tagungsbericht:

> *„Die Weimarer Tagung bedeutet somit die innere und äußere Auflosung der alten Nationalsozialistischen Arbeiter Partei. Es gibt zur Zeit keine NSDAP mehr. Nach Hitlers Gefangennahme fehlte eine einigermaßen zureichende Unterschicht selbständiger Führer, die genügend Tradition, Instinkt inneren Takt und politisches Fingerspitzengefühl besessen hätte, um die alte Linie zu wahren."* [132]

Zu dieser Zeit setzte Hellmuth von Mücke noch große Hoffnung in die Person Adolf Hitler. Der in Landsberg inhaftierte Hitler wurde immer mehr zur Symbolfigur der nationalen Kräfte. Es begann sein Aufstieg vom „Trommler zum Führer" der Bewegung. Ludendorffs Ausstrahlung begann langsam zu verblassen.

Am 20. Dezember 1924 wurde Adolf Hitler aus der Festungshaft entlassen. Er widmete sich der Neuorganisierung der Partei, die politische Arbeit wurde entscheidend geändert. Adolf Hitler wollte auf legalen Weg die Macht in Deutschland übernehmen. Statt der außerparlamentarischen Opposition, wurde in Zukunft auf legale politische Arbeit gesetzt. In seiner politischen Richtung und Agitation änderte sich Hitler keineswegs. Während seiner Haftzeit hatte er sich (wahrscheinlich zum ersten Mal in seinem Leben) mit systematischer Lektüre

befasst. [133]

Die erzwungene Muße gab Adolf Hitler die Gelegenheit seine „Memoiren" zu diktieren. Die Niederschrift besorgten sein Fahrer Emil Maurice und sein neuer Privatsekretär Rudolf Heß.

Der erste Band erschien 1925 unter dem Titel „Mein Kampf". Nach seiner Haftentlassung setzte Hitler die Arbeit fort und 1927 folgte ein zweiter Band, der mit dem Zusatz: „Die nationalsozialistische Bewegung" veröffentlicht wurde. [134]

---

132 Mücke, Linie, S. 248.
133 Karlheinz Weißmann, Alles was recht(s) ist. Graz 2000 S. 208.
134 Weißmann, Der Nationale Sozialismus S. 246.

Exkurs: Die zweite Gründung der NSDAP

Am 16. Februar 1925 wurde in Bayern der Ausnahmezustand aufgehoben. Die NSDAP und KPD wurde erneut zugelassen. Graefe bildete die Deutschvölkische Freiheitspartei wieder zu einer völlig selbständigen Gruppierung um, welche später Hitler erfolglos bekämpfte. Das Verhältnis Hitlers zu Ludendorff kühlte merklich ab. Mehrmals hatte Ludendorff, Hitlers Verhalten vor der Feldherrnhalle offen missbilligt.

Diese Kritik blieb Hitler nicht unbekannt, aber Ludendorffs Prestige in der Bewegung, war zu diesem Zeitpunkt noch viel zu groß. Einen offenen Bruch konnte Hitler noch nicht riskieren. Er wartete die Neuwahlen zum Amt des Reichspräsidenten ab, die infolge des Todes von Friedrich Ebert notwendig geworden waren. Hitler stellte Ludendorff als von vornherein aussichtslosen nationalsozialistischen Kandidaten auf.

Am 27. Februar hielt Hitler eine Versammlung mit 3000 Teilnehmern im Bürgerbräukeller ab. Das Ergebnis war die Wiedergründung der NSDAP. Die bayrische Regierung erließ jedoch ein Redeverbot gegen Hitler. Dieser Maßnahme schlossen sich kurze Zeit später auch Preußen, Baden, Sachsen und Hamburg an.

Als wichtigster Mann neben Hitler in der NSDAP rückte Gregor Strasser nach. Er hatte gemeinsam mit seinem Bruder Otto Strasser im Norddeutschen Raum die Partei erfolgreich aufgebaut.[135] Gregor Strasser vertrat einen nationalen Sozialismus mit deutlich „linken" Akzenten. Die eher proletarischstädtische Anhängerschaft der NSDAP in Nord- und Westdeutschland bot einen günstigen Nährboden für Strassers nationalrevolutionären und antikapitalistischen Thesen.

Bei der Reichspräsidentenwahl am 29. März 1925 errang keiner der Kandidaten die vorgeschriebene absolute Mehrheit. Das Ergebnis für Ludendorff war mit nur 286 000 abgegebenen Stimmen katastrophal. Ludendorff zog sich verbittert aus der Politik zurück. Im zweiten Wahlgang am 26. April 1925 wurde der 78jährige Generalfeldmarschall des Ersten Weltkrieges Paul von Hindenburg zum Reichspräsidenten gewählt. Der greise Generalfeldmarschall galt als Monarchist und konnte auf eine breite Unterstützung der Rechtsparteien zählen.

Die NSDAP von 1925 war eine deutlich andere als die Partei von 1923, vor allem hatte ein Elitenwechsel stattgefunden. Wichtige Männer der Frühzeit

---

135 Gregor Strasser (1892-1934), Seit 1921 Mitglied der NSDAP. Gregor Strasser war in den Jahren 1925-1932 Hitlers mächtigster Rivale. Als sein Bruder Otto Strasser 1930 die Partei verließ, blieb Gregor Mitglied. Im Dezember 1932 legte Gregor Strasser alle Parteiämter zurück und zog sich aus der Politik zurück. Am 30. Juni 1934 um Zuge des Röhm -Putsches ließ ihn sein ehemaliger Sekretär, der Reichsführer Heinrich Himmler ermorden. Vgl Meisser S. 440.

wie Göring und Röhm waren im Ausland, Rosenberg und Feder wurden entmachtet. An ihre Stelle traten Gregor Strasser, kurz danach Joseph Goebbels und Heinrich Himmler. War die alte NSDAP eine auf Bayern beschränkte Bewegung, so wurde die neue zu einer reichsweiten Bewegung, die alle Kennzeichen einer Massenpartei trug, die Organisationsstruktur wurde total verändert..

An der Spitze stand die Reichsleitung, darunter die neugeschaffenen Gaue und danach die Ortsgruppen. Im Januar 1926 kam es zu ersten innerparteilichen Auseinandersetzungen zwischen Hitler und dem Strasserflügel.

Gregor Strasser war für ein außenpolitisches Zusammengehen mit der Sowjetunion gegen die Siegermächte des Ersten Weltkrieges. Er propagierte einen Dritten Weg, zwischen Kapitalismus und Kommunismus und trat für einen deutschen Sozialismus ein. Strasser kritisierte den Nur-Antisemitismus vieler NSDAP-Mitglieder und versuchte einen Teil der Linken zu gewinnen. Hitler, der mit den rechten, bürgerlichen Kräften auf politische Ebene zusammenarbeiten wollte, konnte Strassers „nationalbolschewistischen" Kurs nicht länger tolerieren. Bei einer am 14. Februar 1926 stattfindenden Führertagung in Bamberg konnte sich Hitler gegenüber Gregor Strasser durchsetzten.[136]

Anders als Stalin und Mussolini war Hitler in der Partei nicht auf die Vernichtung seiner Rivalen und Gegenspieler aus, solange sie seine Autorität zumindest formal anerkannten. Die Behandlung Strassers war typisch dafür, er beauftragte diesen mit dem Aufbau eines Parteiapparats, was den Hitlerkritiker Gregor Strasser zur Nummer zwei in der NSDAP machte. [137]

2.5. Politiker und Publizist

Für Hellmuth von Mücke war der von den Brüdern Strasser verfolgte Kurs,der einzig richtige sozialistische Ansatz in der NSDAP. Er schrieb leidenschaftliche sozialistische Artikel im Völkischen Beobachter die ihn Hitler immer mehr entfremdete. Nationalsozialismus war für Hellmuth von Mücke ein Sammelpunkt der nationalen Revolutionäre. Er trat für eine nationale und völkische Gegenrevolution ein, die zugleich eine sozialistische sein musste.
[138]

In zahlreichen Artikeln und auf seinen Vorträgen plädierte Hellmuth von Mücke für ein Zusammengehen der Nationalsozialisten und dem Proletariat. Die Mehrzahl der Deutschen seien „revolutionär - sozialistisch" eingestellt. Andersdenkende sollten durch Sachargumente und nicht durch Gewalt für

---

136 Reinhard Kühnl, Die Nationalsozialistische Linke 1925-1930. Marburg 1966 S.
137 Heinz Höhne, Gebt mir vier Jahre Zeit. Berlin 1999, S. 48,49.
138 Völkischer Beobachter 199. Ausgabe 29/30. 8. 1926 S.1.

die Bewegung gewonnen werden.[139] Für das bürgerliche konservative Element hatte von Mücke nicht übrig. Ein Zusammengehen mit dem Bürgertum lehnte er strikt ab.

Ironisch bemerkte Hellmuth von Mücke zum Verhalten der Parteispitze an: „Früh krümmt sich was ein Häckchen werden will".[140]

Neben seinen politischen, sowie publizistischen Aktivitäten wirkte Hellmuth von Mücke an dem 1926 gedrehten Emelka Spielfilm über den Kreuzer „Emden persönlich mit. Dies gestaltete sich so viele Jahre nach den Fahrten der „Emden" nicht einfach und bewies seine Vielseitigkeit. Im gleichen Jahr gab Hellmuth von Mücke seine beiden Erlebnisberichte „Emden" und „Ayesha" in neu überarbeiteter und ergänzter Form im Berliner August Scherl Verlag, heraus.

In den vergangenen Jahren hatte von Mücke auch kriegswissenschaftliche Beiträge zu verschieden Werken verfasst, wie z. B. in den vom Marinearchiv in zwei Bänden herausgegebenen und von Erich Raeder bearbeitetem Werk: „Der Kreuzerkrieg in den ausländischen Gewässern.

Im Jahre 1927 zog Hellmuth von Mücke als Abgeordneter der NSDAP in den sächsischen Landtag ein. Er gründete die „Nationalsozialistische Arbeitsgemeinschaft", die ideologisch dem „Strasserflügel" nahestand. Im Juni veröffentlichte der „Völkischen Beobachter" einen offenen Brief Hellmuth von Mückes, indem er die Berichterstattung in der deutschen Presse über den Atlantikflug des amerikanischen Piloten Chamberlin kritisiert.[141]

Zu dieser Zeit erfolgten mehrere persönliche Aussprachen zwischen Adolf Hitler und Hellmuth von Mücke in Dresden. Adolf Hitler erschien in Reiterkleidung gestiefelt und mit Reiterpeitsche. Diese Aufmachung wirkte vor allem auf Carla von Mücke lächerlich. Es war allgemein bekannt, dass Hitler nicht reiten konnte. Lang gehaltene Monologe waren bei diesen Zusammenkünften typisch für Hitler, diese endeten stets mit den Abschlussworten : „Die Partei stehe und falle mit ihm."

Solche Aussagen entfremdeten Hellmuth von Mücke, welcher der politischen Idee stets gegenüber der Person den Vorrang gab, von Adolf Hitler immer mehr. Ein Konflikt zwischen Hellmuth von Mücke und Adolf Hitler zeichnete sich ab.

Mit missionarischem Eifer versuchte Hitler auch Carla von Mücke zu Eintritt in die NSDAP zu bewegen. Sie lehnte Hitler allerdings von Anfang ab. Einige wichtige Führungspersönlichkeiten der NSDAP wie z. B. der spätere SS-

---

139 Mücke, Linie. S. 266.
140 Völkischer Beobachter, 29./30.8 1926 S.1.
141 Kapitän von Mücke an den Amerikaner Chamberlin: in Völkischer Beobachter vom 19./20 Juni 1927 S.1.

Reichsführer Heinrich Himmler waren öfters zu Gast im Hause Hellmuth von Mückes in Dresden.[142]

Seiner regen Vortragstätigkeit ging Hellmuth von Mücke weiter nach. Im Gegensatz zu früheren Jahren sprach er nicht über seine Kriegserlebnisse sondern über politische Themen. Ein Schwerpunkt seiner Themen war der Kampf gegen die katholische Kirche, den sogenannten „Ultramontanismus" und den seiner Meinung nach „zersetzenden Einfluss" auf das deutsche Volk. Manche Ausführungen Hellmuth von Mückes waren eine generelle Kritik am Christentum.

Diese Haltung ist mit ziemlicher Sicherheit auf den Einfluss Erich Ludendorffs mit dem er in reger Korrespondenz stand, zurückzuführen. An Bord der „Emden" hatte Hellmuth von Mücke jeden Sonntag an dem protestantischen Gottesdienst teilgenommen. Auch seine vier Kinder, die Tochter Helga wurde 1925 geboren, hatte Hellmuth von Mücke christlich taufen lassen.

In mehreren Artikeln in verschiedenen Zeitungen publizierte Hellmuth von Mücke seine Gedanken. Er vertrat eine klar nationalrevolutionäre Linie, die sich weitgehend mit der Nationalsozialistischen „linken Position" der Brüder Gregor und Otto Strasser deckte. In einem Aufsatz verteidigt Hellmuth von Mücke Mussolinis Politik in Italien, er schreibt: „Der Nationalsozialismus ist das gleiche für Deutschland was für Italien der Faschismus ist.[143] Einige offene Briefe an den Reichspräsidenten Paul von Hindenburg wurden veröffentlicht und sorgten für beträchtliches Aufsehen.

Gottfried Feder schrieb im Nationalsozialistischen Kampfblatt „Die Flamme" am 16. Mai 1929 die folgenden Worte:

> *„Einer der klügsten und charaktervollsten Männer Deutschlands, Kapitänleutnant a. D. Hellmuth von Mücke, hat in tiefer Besorgnis um die Geschicke Deutschlands und aus heißer Liebe zum deutschen Volk als berufener Mahner und Warner wiederholt in kritischen Zeiten Briefe an den Präsidenten des Deutschen Reiches, seine Exz. Herren Generalfeldmarschall v. Hindenburg gerichtet, die unbeachtet oder zum mindesten unbeantwortet geblieben sind. Als verdienter Offizier hatte wohl Herr v. Mücke das Recht, dem früheren Chef der Obersten Heeresleitung seine Meinung mitzuteilen."*[144]

---

142   Von Mücke war von 1926-1929 mit Himmler in Briefkontakt. Auskunft von Dirk von Mücke.
143   Mücke, Linie, S. 295.
144   Mücke, Linie, S. 305.

2.6. Die Krise in Sachsen

Die sächsischen Landtagswahlen vom 12. Mai 1929 waren der sichtbare Beginn eines rasanten Aufstieges der NSDAP. Sie erhöhte die Zahl ihrer Sitze von zwei auf fünf. Wenn man berücksichtigt, dass das sächsische Wahlergebnis noch vor der Kampagne der Partei gegen den Young-Plan erreicht wurde, besteht ein guter Grund schon hier den sichtbaren Beginn eines Aufstieges der NSDAP zu einer Massenpartei in Deutschland zu erblicken.

Die fünf Abgeordneten der NSDAP unter der Führung Hellmuth von Mückes bildeten unter den 96 des sächsischen Landtages das Zünglein an der Waage in den Verhandlungen über die Bildung einer neuen Landesregierung. Die Verhandlungen zogen sich über Monate hin, und lösten unter den „rechten" und „linken" Flügel der NSDAP heftige Kontroversen aus. [145]

Die Kampfverlags-Presse unter der Leitung Gregor Strassers forderte indirekt ein Zusammengehen mit den linken Fraktionen im Landtag. Vor allem in den sozialen Fragen wie z. B. die Einführung des Achtstundentages sah man Gemeinsamkeiten mit der SPD und der KPD. Hitler, der eher für eine Zusammenarbeit mit den bürgerlichen Block war, verhielt sich in dieser Lage ruhig. Die Parteileitung der NSDAP nahm zunächst eine neutrale Haltung ein.

In dieser Situation übersprang der Realpolitiker Hellmuth von Mücke die Barrieren. Er wandte sich schriftlich an die Landtagsfraktionen der SPD und der KPD und bat um Klärung der Frage, ob eine Unterstützung einer von ihren Parteien gebildete sächsischen Regierung durch eine nationalsozialistische Fraktion möglich wäre. Hitler unterstützte von Mückes Schritt. Dem sächsischen Gauleiter Mutschmann gelang es aber, den Plan von Mückes zu hintertreiben. Die SPD und KPD lehnten das Angebot von Mückes ab, und veröffentlichen trotz der gegenteiligen Bitte von Mückes dessen Brief. Daraufhin erklärte Hitler den Brief als einen von der Parteileitung nichtgeduldeten Privatschritt Mückes. [146]

Der tief in seiner Ehre getroffene Hellmuth von Mücke erklärte umgehend seinen Austritt aus der NSDAP. Ein internes Angebot der Parteileitung, sächsischer Innenminister zu werden lehnte der erboste Mücke ab. In einer scharfen Erklärung, die verschiedene große Zeitungen brachten, warf er der NSDAP vor, sie sei unter Hitlers Führung zu einem willenlosen Anhängsel der bürgerlich-kapitalistischen Richtung geworden. In scharfer Form warf er Hitler, einen „byzantinischen Führungsstil" vor, der absolute Unfehlbarkeit beanspruche.

Zum Nachfolger von Mückes wurde sein bisheriger Gegner Manfred von Killinger ernannt, der die Partei auf die Linie Hitlers brachte.

---

145   Gerhard Schulz, Aufstieg des Nationalsozialismus. Frankfurt/ M. 1975 S. 479.
146   Reinhard Kühnl, Die nationalsozialistische Linke 1925-1930. S. 221.

Das sich Hitler bloßgestellt fühlte, zeigte seine heftige Reaktion im Völkischen Beobachter vom 9. 7. 1929:

> „Niemals habe die Absicht bestanden mit, mit der „marxistischen Pest" wirklich eine Koalition zu bilden, wie es die Esel und Skribenten unserer Jugendgazetten darstellten. Das Angebot sei nur geschehen um zu verhindern, daß die roten Demagogen versuchen werden, unsere gutwillige Duldung einer bürgerlichen Regierung in Sachsen „kapitalistischer Interessen" zuzulügen. Man habe den eigenen Parteigenossen, die einen Kampf nach beiden Seiten für besser hielten, zeigen wollen, daß es günstiger sei, in Sachsen einer bürgerlichen Regierung beizutreten, so widerlich im einzelnen die bürgerlichen Parteien sein mögen. Parteigenosse Mücke hat bei den marxistischen Parteien im sächsischen Landtag nur angefragt wie das Schicksal der nationalsozialistischen Bewegung wäre, wenn durch unsere neutrale Duldung statt der bürgerlichen eine marxistische Regierung ans Ruder käme".[147]

Aus Rücksicht auf den starken „linken Parteiflügel" argumentierte Hitler vorsichtig um die Anhänger von Gregor Strasser bei der Stange zu halten.

Diese Erklärung offenbart aber zugleich, dass Hitler einen direkten Angriff auf Hellmuth von Mücke weitgehend vermied. Doch der Bruch mit Hitler und der NSDAP war endgültig. Auch vom „linken Strasser- Flügel" hatte Hellmuth von Mücke nur geringe Unterstützung erhalten. Das Ergebnis der Auseinandersetzungen war schließlich ein Kompromiss: Die NSDAP beteiligte sich in Sachsen nicht an einer Regierung, erklärte sich aber bereit, eine bürgerliche Mehrheit zu unterstützen. Für die SPD und KPD bedeutete es auf lange Sicht eine Niederlage, mit der Veröffentlichung des „Mücke Angebotes" stützten sie den rechten Flügel der NSDAP und zerstörten damit die geringe Chance mit der nationalsozialistischen Linken zu koalieren.

Hellmuth von Mücke ging von nun an in heftige Opposition zu Adolf Hitler. Zentrale Kritik Helmuth von Mückes war nicht die Idee oder die Partei, sondern der Personenkult um Adolf Hitler. Er bezeichnet dies als „undeutsch" und nennt diese Auswüchse als „Hitlerianertum"[148] Einige Jahre später bezog Hellmuth von Mücke auch die NSDAP in seine Kritik ein.

---

147 Hitlers Reden Schriften Anordnungen. Februar 1925 bis Januar 1933. Band III, Juli 1928- Dez. 1929. S. 286-289. Hg. vom Institut für Zeitgeschichte München 1994.
148 Mücke, Linie, S. 255.

3. DER HITLER-GEGNER

3.1. Im Kampf gegen den Nationalsozialismus

Noch im Juli 1929 veröffentlichte Hellmuth von Mücke aufschlussreiche Briefe in den Zeitungen „Fränkischen Tagespost" und „Der Jungdeutsche". Sie gaben Aufschlüsse über die finanziellen und persönlichen Bindungen Hitlers. Mücke gab an, im Jahre 1923 nach seiner Rückkehr aus Amerika Hitler 500 Dollar gespendet zu haben. Weiter stellte er fest das Dr. Emil Ganser, der Hitler Zugang zu Schweizer Finanzkreisen und (im Mai 1922) zu Mitgliedern des Nationalen Klubs in Berlin schuf, vor dem sogenannten Deutschen Tag in Nürnberg (1. Und. 2. September 1923) mit Schweizer Industriellen zusammengetroffen sei. Dort habe er Hitler die Türen zu Geldgebern geöffnet, von denen er schließlich einen „Kabinenenkoffer", gefüllt mit Schweizer Franken und Dollarnoten erhalten habe. Als Zeuge wurde Major Buch, der damalige Führer der Sturmabteilung Franken genannt.[149]

Bereits im Jahre 1924 waren Angaben über diese Beziehungen Hitlers an die Öffentlichkeit gedrungen. (Hitler selbst war im Herbst 1923 in der Schweiz gewesen). Mehrere Zeitungen hatten über Hitlers „Geldbeschaffungsaktionen" im Ausland berichtet. Hitler hatte dagegen keinerlei rechtliche Schritte unternommen. Nur als Hitler von christlich-sozialer Seite vorgeworfen wurde, er habe französisches und tschechoslowakisches Geld genommen, strengte er einen Beleidigungsprozess an. Die Klage wurde jedoch abgewiesen, weil Hitler die Frist der Nachweisvorlage versäumt hatte. [150]

Im Herbst 1929 übersiedelte Hellmuth von Mücke mit seiner Familie von Dresden auf die Nordseeinsel Föhr. In einem von ihm selbst entworfenen Haus in Nieblum auf Föhr, versuchte Hellmuth von Mücke als Publizist durch Erarbeitung neuer geistiger Grundlagen auf die Politik einzuwirken. Am 5. April 1930 wurde sein Sohn Dirk geboren. Im Jahre 1930 nahm Hellmuth von Mücke eine politische Trilogie unter dem Titel „Linie" in Angriff, die auch die von ihm erlebten Nachkriegserlebnisse verarbeiten sollte. Im gleichen Jahr trat er aus der evangelischen Kirche aus. Wegen seiner kompromisslosen Haltung fand Hellmuth von Mücke nur den leistungsschwachen Edelgarten Verlag von Horst Posern in Beuern/ Hessen. Nur der erste Band mit dem Untertitel" Revolution, Nationalsozialismus und Bürgertum" erschien im Jahr 1931. In diesem Buch verarbeitete Hellmuth von Mücke seine Erlebnisse in der Weimarer Republik. Band II. mit dem Titel: „Kaste, Nationalsozialismus und Hitlerianertum" wurde, obwohl das Manuskript fertig vorlag, nicht mehr herausgegeben. Auch Band III. „Sozialismus und Nationalsozialismus Volk und Staat" der die hochgesteckten Gedanken und Ziele des Verfassers über

---

149 Werner Maser, Der Sturm auf die Republik, S. 398.
150 Ebenda S. 398, 399.

die Zukunft des Deutschtums zeigen sollte, wurde ebenfalls nicht herausgegeben. [151]

Arnold Brecht, einer der Mitbegründer des nationalliberal ausgerichteten Deutschlandbundes nahm 1930 Kontakt mit Hellmuth von Mücke auf. In einer kleinen Gastwirtschaft im Norden Berlins wurde eine gemeinsame Vorgehensweise gegen den aufstrebenden Nationalsozialismus ausgearbeitet. Am 18. Dezember 1930 organisierte der Deutschlandbund im Berliner Sportpalast eine Massenveranstaltung. Hellmuth von Mücke hielt die Hauptrede mit solcher Leidenschaft und Überzeugung, dass die Versammlung ein starkes Echo fand.

In den folgenden zwei Monaten sprach er unter der Ägide des Deutschlandbundes auch in Hannover, Hamburg, Kiel, Flensburg, Rostock, Stettin, Breslau, Dresden und Leipzig mit ähnlichem Erfolg. Die Popularität Hellmuth von Mückes verhinderte jeden Sprengungsversuch von Seiten der Nationalsozialisten.

Später übernahm anstelle des Deutschlandbundes das Reichsbanner Schwarz-Rot-Gold die Patenschaft für Hellmuth von Mückes Auftreten an weiteren Orten und organisierte den Saalschutz. Alle Versammlungen wurden durch riesige Anschläge an den Anschlagssäulen vorbereitet mit der Ankündigung Hellmuth von Mückes als Hauptredner und des Inhaltes seiner Anklagen gegen Hitler.[152]

Zunehmend wurde Hellmuth von Mücke zu einem leidenschaftlicher Verfechter eines „Nationalbolschewistischen" Kurses in Deutschland.

Exkurs: Nationalbolschewismus in Deutschland

Unter dem Begriff „Nationalbolschewismus" verstand man in der Weimarer Zeit eine Verbindung von radikal sozialistischen und radikal nationalistischen Zielsetzungen, die auf dem Weg eines Bündnisses der beiden „proletarischen Nationen" Deutschland und Rußland gegen den „kapitalistischen" Westen erreicht werden sollten. Der Gedanke zu einer Nationalbolschewistischen Lösung wurde in Deutschland immer dann wach, wenn der soziale und nationale Bestand zur gleichen Zeit gefährdet war. Die extrem linken und radikal rechten Bewegungen stießen in solchen Krisenzeiten auf den gleichen Gegner. In der Weimarer Republik kam es zu drei „Nationalbolschewistischen" Wellen. Die erste Welle war in den Jahren 1919/ 1920 und entstand unter dem Eindruck des Vordringens der sowjetischen Truppen nach Westen. Kleine Gruppierungen der KPD nahmen Kontakt zu nationalen

---

151 Leider sind beide Manuskripte verschollen. Trotz intensiver Suche ist es dem Verfasser nicht gelungen die Buchmanuskripte zu finden.
152 Arnold Brecht, Mit der Kraft des Geistes. Lebenserinnerungen, zweite Hälfte 1927-1967. Stuttgart 1967 S. 145,145.

Verbänden auf und plädierten für einen nationalen Volkskrieg gegen den Westen. Nachdem 1920 die Rote Armee vor Warschau zurückgeschlagen wurde, bedeutete dieses Ereignis das vorläufige Ende des deutschen Nationalbolschewismus. [153]

Die zweite Welle erhob sich im Jahr 1923, als in der Ruhrbesetzung und Inflation, ein sozialer und nationaler Notstand erneut zusammentrafen. Wieder regten sich nationalbolschewistische Kräfte. Karl Radek, ein prominenter Komiternfunktionär, hielt eine Rede auf den von den Franzosen wegen Sabotage erschossenen Albert Leo Schlageter. Einer der wichtigsten Vertreter der Rechten, der Schriftsteller Arthur Möller van der Bruck[154] antwortete mit einem Bündnisangebot. Es blieb im wesentlichen bei Proklamationen. Nur vereinzelt beteiligten sich kommunistische Arbeiter im Kampf gegen die französischen Besatzer im Ruhrgebiet. Doch auch die zweite Nationalbolschewistische Welle endete rasch nach dem Ende der Ruhrbesetzung.

Ernsthafter war die dritte nationalbolschewistische Welle. Sie setzte beim Höhepunkt der Weltwirtschaftskrise 1930 ein. Die Reparationspolitik der Siegermächte gegenüber Deutschland fand im Youngplan eine den Massen sichtbare Verkörperung. Die KPD versuchte die Führung dieser Welle in die Hand zu bekommen. Um Heinz Naumann bildete sich ein nationalkommunistischer Flügel, der mit verwandten Kräften auf der Rechten Fühlung aufnahm. Diese Versuche sind unter dem Namen „Scheringer-Kurs" bekannt geworden. Leutnant Richard Scheringer, war wegen nationalsozialistischer Betätigung in der Reichswehr mit zwei anderen Offizieren im sogenannten Ulmer Reichswehrprozess im September/Oktober 1930 zur Festungshaft verurteilt wurde, und im März 1931 während seiner Haft zur KPD übergetreten.[155]

Auch einige andere Vertreter der Rechten wie Hauptmann Beppo Römer,[156] vom bekannten Freikorps Oberland, oder der Landvolkführer Bruno von Salomon [157] stießen zur KPD. Gregor Strasser sprach in seiner Reichstagsrede

---

153 Armin Mohler, Die Konservative Revolution in Deutschland, S. 47,48.
154 Arthur Möller van den Bruck (23. 4. 1876- 30.5. 1925, Selbstmord in Berlin). Nach Auslandsaufenthalten in Frankreich und Italien wurde der freie Schriftsteller Möller van den Bruck ab 1919 Mittelpunkt der jungkonservativen Bewegung. Seine wichtigste Werke waren: Das Recht der jungen Völker und Das Dritte Reich. Möller van den Brucks Schriften übten starken Einfluß auf das Denken der Vertreter der „Konservativen Revolution" in Deutschland aus. Vgl. Mohler, S. 401,402.
155 Ernst von Salomon, Der Fragebogen,. Hamburg 1999, S. 352,353.
156 Joseph „Beppo" Römer (1892-1944), Hauptmann und Freikorpsführer. Zeichnete sich 1921 beim Sturm auf den Annaberg in Oberschlesien aus. 1944 als Widerstandskämpfer gegen die Nationalsozialisten hingerichtet. vgl. Claus Wolfschlag, Hitlers rechte Gegner, Engerda 1995. S. 55-58.
157 Bruder des Schriftstellers Ernst von Salomon. Vgl Ernst von Salomon, Der Fragebogen, Hamburg 1999 S.353.

vom 10. Mai 1932, von der „antikapitalistischen Sehnsucht", welche durch das ganze deutsche Volk hindurchgehe[158].

Durch den Aufstieg der NSDAP in den Reichstagswahlen vom September 1930 (Sprung von 12 auf 107 Sitze, von der neunten zur zweitstärksten Fraktion) wurde die Partei zum stärksten Vertreter der deutschen Rechten. Hitler war ein bedingungsloser Verfechter einer antirussischen Politik. Gregor Strasser hatte sich schon im Juni 1930 Hitlers Kurs unterworfen.

Kurz darauf verließ sein Bruder Otto Strasser unter der Parole: „Die Sozialisten verlassen die NSDAP" mit seinen Anhängern die Partei. Im Dezember 1932 zog sich auch Gregor Strasser aus der Politik zurück. Der „linke" Flügel der NSDAP verlor an Bedeutung. Auch in der KPD wurde die Entfaltung des Nationalkommunismus gebremst. Nach Hitlers Machtergreifung am 30. Januar 1933 wurden nationalbolschewistische Gedanken von Ernst Niekisch[159] und mit Einschränkungen von Ernst Röhm vertreten. Nach dem Röhm-Putsch vom 30 Juni 1934 galten jegliche nationalbolschewistische Ziele als staatsfeindlich.

3.2. Das Ende der Weimarer Republik

Bereits im Mai 1929 hatte Hellmuth von Mücke in einem offenen Brief Reichspräsident Hindenburg aufgrund seiner passiven Haltung gegenüber der politischen und sozialen Zustände in Deutschland scharf angegriffen. Er warnte vor einem drohenden Bürgerkrieg im Land. Mit offenen Worten forderte Hellmuth von Mücke den Reichspräsidenten zum Rücktritt auf :

> *„Im Interesse des deutschen Volkes möchte daher an Sie, Herr Reichspräsident, die Bitte richten, in Überlegungen einzutreten, ob es nicht zweckmäßig wäre, daß Sie von ihrem Posten zurücktreten und Männern Platz machen, die in der Lage sind, die Geschicke zu meisten."*[160]

Zwei Jahre später, schrieb Hellmuth von Mücke in seinem autobiographisch-politischen Buch „Linie" unter dem Eindruck der wachsenden Macht Hitlers, dass ein Krieg auf deutschen Boden gleich welchen Umständen das Schlimmste für die Zukunft des Landes bedeuten würde, und nur den Feinden Deutschlands von nutzen sei. Vor allem warnte er vor einer zunehmen-

---

158 Mohler, S. 49.
159 Ernst Niekisch, (23. 5. 1989-23.5.1967) Lehrer. 1919 für kurze Zeit Vorsitzender der bayrischen Räterepublik. 1926 Gründer und Herausgeber der nationalrevolutionären Zeitschrift Widerstand. Nach 1933 im Widerstand gegen Hitler. 1937 Verhaftung und 1939 zu lebenslanger Haft verurteilt. Nach seiner Befreiung ist Niekisch für einige Zeit Mitglied der SED und lebte bis 1954 in Ost-Berlin emigrierte nach Westberlin und starb dort 1967. Vgl Wolfschlag S.45-54.
160 Mücke, Linie, S. 319.

den antirussischen Stimmung, und sprach dass maßgebliche Kräfte einen Krieg im Osten beabsichtigten würden. Er schrieb wörtlich die fast prophetischen Worte über die Ziele Hitlers :

„Eine Haupttriebfeder zur Herbeiführung dieses sinnlosen, erst inneren, dann äußeren Krieges, der unter dem Stichwort „Kreuzzug gegen Rußland" von den ultramontan-kapitalistischen Bruderpaar heute geprägt wird, bildet die völlig in das Fahrwasser der genannten Kräfte geratene Hitlerpartei. von einer volksbefreienden Bewegung ist sie verfälscht worden zur volkszersetzenden Partei, die im Köpfe rollen-wollen sich erschöpft. Die niedrigste und verderblichste Auffassung von Politik ist es, deren Aufgaben gleichzusetzen denen der Nemesis. Revolution, die da heißt neuschöpferischer Freiheitswillen ist keine Inquisition, die da heißt seelenlose Tyrannis. [161]

Wegen seiner nunmehrigen Gegnerschaft zur NSDAP wurde von Mücke ein vermehrtes Ziel von Adolf Hitlers polemischen Angriffen gegen seine Person. Wüste Beschimpfungen wie „hergelaufener Galizier" „Charakterlump" und „Ehrabschneider", sowie die Beschuldigung von Mückes Taten im Weltkrieg seien nur aus Zwang geboren und außerdem von anderen gemacht worden, bildeten den Höhepunkt der Attacken Hitlers. [162]

1931 arbeitete Hellmuth von Mücke für kurze Zeit in der von Ulrich Oldenburg gegründeten „Kampfgemeinschaft Deutscher Revolutionäre" (KGDR) mit. Diese Gruppe war eine Abspaltung vom linken Flügel der Nationalsozialisten und vertrat nationalbolschewistische Ziele,die KDGR stand auf dem Boden des Klassenkampfs und trat gegen die Zerschlagung der KPD ein. In ihren ersten Rundschreiben erklärte die KDGR, es käme nicht darauf an, einzelne Kommunisten von der Unfähigkeit ihrer Partei zu überzeugen, sondern sie im revolutionären Kampf gegen das System mit allen Mitteln zu unterstützen, um so den Sturz des Kapitalismus zu beschleunigen.[163]

Hellmuth von Mücke bearbeitete Wehrfragen und Außenpolitik. Doch wegen seiner leidenschaftlichen Einseitigkeit geriet Hellmuth von Mücke schon bald zwischen die Fronten aller politischen Parteien und immer stärker ins politische Abseits. Wie in der Wüste, wo er sich mit seinen wenigen Männern zwischen Freund und Feind seinen Weg erkämpft hatte, so versuchte Hellmuth von Mücke auch in der Politik einen aufrechten Weg zu gehen. Das politische Klima wurde in Deutschland immer schärfer. 1932 arbeitete Hellmuth von Mücke mit einer Gruppe um den preußischen Finanzminister Kleppe und den Unterstaatssekretär Brecht zusammen. Das gemeinsame Ziel war es die NSDAP zu bekämpfen. Trotz beträchtlicher finanzieller Mittel - Klepper hatte aus einem Geheimfond der preußischen Regierung eine beträchtliche Summe zu Verfügung gestellt, scheiterte die Gruppe von Anfang an. Eine Kund-

---

161 Ebenda, S. 320.
162 Von Mücke, Linie, S.305.
163 Louis Dupeux, Nationalbolschewismus in Deutschland 1919-1933, München 1985, S.400.

gebung im Berliner Sportpalast scheiterte. Die von Hellmuth von Mückes gehaltene Rede zeigte keine Wirkung mehr. [164]

Im Juli 1932 wurde die NSDAP bei den Reichstagswahlen die stärkste Kraft. In Deutschland. Reichspräsident Hindenburg lehnte jedoch Adolf Hitler als Kanzler ab. Am 6. November kam es zu erneuten Reichstagswahlen. Die NSDAP rutschte von 236 Sitzen auf 194 zurück. Wahlgewinner war die KPD. Das neugebildete Kabinett unter Reichkanzler General Kurt von Schleicher[165] war nicht von langer Dauer. Die ergebnislosen Verhandlungen mit der SPD und den Gewerkschaften zur Stützung der Regierung ebneten für Hitler den Weg zur Macht.

Im Jänner 1933 gewann die NSDAP die Landtagswahlen im Kleinstaat Lippe. Die Regierung Schleicher trat zurück, da Hindenburg die Erklärung des Staatsnotstandes und die Auflösung des Reichstages abgelehnt hatte.

Am 30. Jänner 1933 wurde Adolf Hitler vom Reichspräsidenten Hindenburg zum Reichskanzler ernannt. Der Reichstag wurde abermals aufgelöst. Eine von Hindenburg unterzeichnete Notverordnung beeinträchtigte stark das Recht der Versammlungs,-Rede-und Pressefreiheit. Oppositionelle Gruppierungen agierten von nun an mit erhöhter Vorsicht. Zunehmend wurde es stiller um Hellmuth von Mücke.

3.3. Berufsverbot und Widerstand im Dritten Reich

Am 27. Februar 1933 wurde das Berliner Reichstagsgebäude in Brand gesteckt. Der Brandstifter, der einzige, den man am Tatort fand, war ein holländischer Kommunist. In der derselben Nacht wurden zahlreiche kommunistische Funktionäre festgenommen, sämtliche Zeitungen auch der Sozialdemokraten verboten. Nach den Reichstagswahlen und den Staatsakt in der Potsdamer Garnisonskirche (31.3. 1933 „Tag von Potsdam") kam es zur Ausschaltung des Parlamentes. Nun ging es Schlag auf Schlag. Am 23.3. 1933 setzte Hitler das „Ermächtigungsgesetz" durch, welches nicht anderes als die totale Machtübernahme der NSDAP in Deutschland bedeutete. Alle Parteien sowie Gewerkschaften wurden für aufgelöst erklärt, und die Presse gleichgeschaltet.[166]

---

164 Gottfried Bermann - Fischer, Bedroht -Bewahrt. Der Weg eines Verlegers. Frankfurt am Main 1969, S. 70.
165 Kurt von Schleicher (1882-1934) war im Ersten Weltkrieg im Truppengeneralstab und in Weimarer Republik in der Reichswehr tätig. Im Mai 1932 wurde Schleicher Reichswehrminister und im Dezember Reichskanzler. Während des Röhm-Putsches am 30. Juli 1934 wurde Schleicher zusammen mit seiner Frau erschossen. Vgl. Meissner, S.438.
166 Golo Mann, Deutsche Geschichte des 19. und 20. Jahrhunderts, S.814-823.

Im Zuge dieser Verordnungen wurde Hellmuth von Mücke mit Publikations- und Vortragsverbot belegt. Dies war ein echtes Berufsverbot und es bedeutete einen wesentlichen Einnahmeverlust für ihn. Das Familiendomizil auf der Insel Föhr konnte nicht mehr abbezahlt werden und wurde 1934 zwangsversteigert. Die Familie von Mücke musste nach Bad Schwarzau in Schleswig Holstein übersiedeln. Als großer Außenseiter war er wegen seiner Auffassungen, die im nationalsozialistischen Deutschland als staatsfeindlich galten, in öffentliche Ungnade gefallen. Viele seiner ehemaligen Marine Kameraden hatten sich der NSDAP angeschlossen. Von der Flüsterpropaganda der NS-Machthaber wurde Hellmuth von Mücke als „Nationalbolschewik" bezeichnet. [167] Für kurze Zeit wurde er in Haft genommen, kam jedoch auf Intervention eines ehemaligen Kameraden schnell wieder frei. Einige höhere Marinekreise schützten Hellmuth von Mücke. In diesem Zusammenhang fiel der Name des Admiral von Resdorff.[168] Der Versuch Hellmuth von Mückes mit seiner Familie nach Griechenland oder Chile zu emigrieren wurde mit der Begründung verwehrt, sein Wirken im Ausland sei unerwünscht. Die Familie lebte von der nicht gerade üppigen Pension als Korvettenkapitän, die von NS-Regime erstaunlicher Weise nie entzogen wurde.

Die gleichgeschaltete Presse erfand die wildesten Geschichten über ihn. Eine Lehrerin berichtete 1936 Carla von Mücke sie habe gelesen dass der „Bolschewik" Hellmuth von Mücke als Kommandeur rotspanischer Torpedobootflottillen gegen Franco-Einheiten in Spanien kämpfe.[169] Im Frühjahr 1936 verstarb die Tochter Ursula, die Familie von Mücke verzog nach Kellinghusen. Dort blieb die Familie bis zum Jahre 1940. 1938 wurde Hellmuth von Mücke wieder festgenommen und für einige Zeit im Gestapo-Gefängnis in Fuhlsbüttel inhaftiert. Er kam jedoch nach kurzer Zeit wieder frei. Am 8. März 1938 wurde der letzte Sohn der Familie Mücke, Björn geboren. Aufgrund eines Erbfalles mütterlicherseits, hatte die Familie Mücke die Möglichkeit ein eigenes Haus in Ahrensburg bei Hamburg zu kaufen.

Den Ausbruch des Zweiten Weltkrieges im September 1939 erlebte Hellmuth von Mücke in Ahrensburg. Wie es ihm in jenen Jahren ausgesehen haben muss, in denen er als tatkräftiger Mann nur passiv am Schicksal seines Landes teilhaben konnte, kann man nur erahnen. Einige Offizierskameraden von der „Emden" dienten als Admiräle oder Stabsoffiziere in der Kriegsmarine. Während des Krieges arbeitete Hellmuth von Mücke an der Herausgabe von Tide-Tabellen und Handbücher über Deichbau und Küstenschutz. Der älteste Sohn Hellmuth fiel am 22. 02. 1943 im Rang eines Unteroffiziers als MG-Schütze, bei Demidowska in Südrußland.

---

167 Lochner, S. 435.
168 Admiral von Restorff war von 1911 bis 1913 Kommandant der „Emden". Vgl. Lochner, S.458.
169 Persönliche Auskunft von Dirk von Mücke.

Zu Kriegsende gewannen die patriotischen Gefühle bei Hellmuth von Mücke die Oberhand und er meldete sich zur Kriegsmarine. Seine freiwillige Meldung zum Kampfeinsatz wurde, weil er als politisch unzuverlässig galt, abgelehnt.

Ein ähnliches Verhalten zeigte auch anderer ehemalige Marineoffizier. Auch ein so kompromissloser NS-Gegner, der protestantische Pastor Martin Niemöller, U-Boot Offizier von 1914-1918, meldete sich nach Kriegsausbruch 1939 aus dem Konzentrationslager freiwillig zum Dienst in der Wehrmacht.[170]

3.4. Die letzten Lebensjahre

Ahrensburg, in Schleswig-Holstein an der Stadtgrenze Hamburgs blieb weitgehend vom Krieg verschont. Das Haus der Familie Mücke war unbeschädigt. Als nach den schweren Bombenangriffen auf Hamburg Kolonnen von ausgebombten Menschen auf der Straße standen, sah es Hellmuth von Mücke als eine Pflicht an, den leidgeprüften Menschen in seinem Haus Unterkunft zu geben. Bei den Nachtangriffen auf Hamburg zwischen dem 24. und 30. Juli 1943 wurden nahezu achtzig Prozent der Gebäude zerstört, oder beschädigt. 30.000 Einwohner fanden den Tod.[171]

Nach Kriegsende wurde Ahrensburg von Englischen Truppen besetzt. Jedes Haus wurde nach Waffen durchsucht. Als ein englischer Offizier das Haus der Familie Mücke betrat, stellte sich Hellmuth von Mücke als ehemaliger Erster Offizier der „Emden" vor und legte das englische Buch „Escapers All" vor, ein englisches Buch über Soldaten aller Seiten des Ersten Weltkrieges, die sich der gegnerischen Gefangenschaft entziehen konnten. Der englische Offizier salutierte daraufhin und verließ mit seinen Männern das Haus.[172]

Nach 1945 wurde Hellmuth von Mücke als Verfolgter des Naziregimes anerkannt. Carla von Mücke wurde als Ehefrau eines politisch Verfolgten eine namhafte Entschädigung gerichtlich zugesprochen, Hellmuth von Mücke als Direktbetroffenen jedoch nicht. Er trat der Vereinigung der Verfolgten des Naziregimes (VVN) bei. In dieser Vereinigung waren die Kommunisten weitgehend tonangebend.

Im Jahre 1952 wurde die Bundesrepublik Deutschland Mitglied der Westeuropäischen Verteidigungsunion. Im gleichen Jahr wandte sich Hellmuth von Mücke gegen die Wiederaufrüstung Deutschlands und wurde im Rahmen der kommunistischen Weltfriedenspropaganda tätig. Er verfasste einige politische Streitschriften, die heute leider nicht mehr erhalten sind.[173]

---

170 Matthias Schreiber, Martin Niemöller, S.88.
171 John Keegan. Die Kultur des Krieges Hamburg 2001. S. 529.
172 Persönliche Auskunft von Dirk von Mücke.
173 Persönliche Auskunft von Dirk von Mücke.

Wegen dieser Aktivitäten geriet Hellmuth von Mücke in der Bundesrepublik in den Verdacht einer kommunistischen Gesinnung, die er nie hatte. Hellmuth von Mücke trat zu dieser Zeit einer kleinen Partei, dem sogenannten „Bund der Deutschen" bei. Diese Vereinigung vertrat nationalrevolutionäre Zielrichtungen.

Mitte der fünfziger Jahre wurde auf Hellmuth von Mücke wegen seines nonkonformistischen Verhaltens, wieder einmal politischer Druck ausgeübt. In der Adenauer-Zeit wurden in der Bundesrepublik Deutschland alle Meinungen, die nicht konservativ und nicht blind dem Westen zustimmten, automatisch als „kommunistisch" abgestempelt.

Nur die Sozialdemokraten konnten sich wegen ihrer Stärke gerade noch von diesem Stigma freihalten. 1955 trat die Bundesrepublik Deutschland der NATO bei und es kam es zur Aufstellung der Bundeswehr sowie zur Wiederbewaffnung. 1956 folgte die Einführung der allgemeinen Wehrpflicht. Hellmuth von Mücke trat leidenschaftlich gegen die Remilitarisierung Deutschlands auf. Nur allzudeutlich erkannte der ehemalige kaiserliche Marineoffizier Hellmuth von Mücke die geostrategischen Absichten der beiden Großmächte. Für die USA und UDSSR hatte Deutschland die Funktion als eine Pufferzone.

Die Bevölkerung der Bundesrepublik und der Deutschen Demokratischen Republik war nach Hellmuth von Mückes Ansicht nur „Kanonenfutter" im Falle eines bewaffneten Konfliktes zwischen der USA und der UDSSR. Seinem Sohn Björn, riet der ehemalige kaiserliche Marineoffizier 1956 den Wehrdienst zu verweigern, was dieser auch tat.[174]

Zu Anfang des Jahres 1957 wurde Hellmuth von Mücke vor dem 6. Strafsenat des Bundesgerichtes vorgeladen. Außerdem wurde er verpflichtet einem Psychiater zu konsultieren, der ihn auf seine „politische Normalität" untersuchen sollte.[175]

Dieses Verfahren lehnte er umgehend ab. So eine Vorgangsweise war gegen die Würde eine ehemaligen kaiserlichen Marineoffiziers gerichtet. Doch die Bürokratie der neuen Bundesrepublik hatte für solch ein „antiquiertes" Verhalten" keinerlei Verständnis.

Sollte Hellmuth von Mücke der Vorladung nicht folgen, so würde er zwangsweise vorgeführt werden. Ein Disziplinarverfahren wurde eingeleitet, mit der Absicht, Hellmuth von Mücke die Pension die er als Korvettenkapitän a. D. bezog, abzuerkennen. Vor dieser Maßnahme war man sogar im Dritten Reich zurückgeschreckt. Doch dieses unwürdige Schauspiel blieb Hellmuth von Mücke erspart. Am 30. Juli 1957 starb Hellmuth von Mücke im Alter von 76

---

174 Persönliche Auskunft von Dirk von Mücke.
175 Es gab nichts Absurderes Hellmuth von Mücke kommunistische Gesinnung zu unterstellen. In der Sowjetunion wäre er unweigerlich binnen vier Wochen in einer der zahlreichen GULAGS gelandet ! Persönliche Auskunft, von Dirk von Mücke.

Jahren an Herzversagen in Ahrensburg/Schleswig Holstein. Die Beerdigung fand am 27. Juli 1957 statt, seine letzte Ruhe fand Hellmuth von Mücke am Friedhof von Ahrensburg.

4. NACHWORT

Hellmuth von Mücke als Person ist heute nahezu vergessen. Nur im Bezug auf die Fahrten des Kleinen Kreuzers „Emden" stößt man auf seinen Namen. Hellmuth von Mückes Wirken als Politiker, Publizist und Widerstandskämpfer gegen Hitler ist unbekannt geblieben. In politischer Hinsicht waren Hellmuth von Mückes Handlungen von einer gewissen Weitsicht geprägt. Schon relativ früh, Ende der zwanziger Jahre sah er dass eine Machtübernahme Hitler für Deutschland ein „Weg in den Abgrund" bedeutet..[176]

In Hellmuth von Mückes wenig erhaltenen politischen Schriften kommt eine klare patriotische Gesinnung, mit einer gewissen Toleranz gegenüber Andersdenkenden durch. Von den Sozialisten und Kommunisten sprach von Mücke mit einer gewissen Hochachtung. Die Anwendung von Gewalt lehnte er strikt ab. Dieses Denken und vor allem Handeln unterschied ihn klar von Adolf Hitler und seinen Gefolgsleuten. Obwohl Hellmuth von Mücke nicht frei von Vorurteilen gegenüber dem Bürgertum, Katholiken, Freimaurern, Juden und anderen Minderheiten war, sowie das westlich-liberale System klar ablehnte, bezog er sich in seinen Schriften immer wieder auf die Tradition der preußischen Reformer Stein, Hardenberg, Scharnhorst und Gneisenau.[177] Auch so große deutsche Intellektuelle wie der Schriftsteller Thomas Mann waren zu Beginn der Zwanziger Jahren keine lupenreine Demokraten. In seinem Buch „Betrachtungen eines Unpolitischen" lehnte Thomas Mann die „Parlaments und Parteienwirtschaft" klar ab.[178]

Auch der international anerkannte Widerstandskämpfer Martin Niemöller stand der westlichen Demokratie kritisch gegenüber. In einem kurz vor seinem Tod im Jahre 1984 aufgezeichneten Interview, antwortete Niemöller auf die Frage, wie sein Modell einer idealen Demokratie aussehe, mit den Worten:

> *„Eine solche habe er nur während des Ersten Weltkriegs in der Zusammenarbeit mit der Mannschaft auf seinem Unterseeboot erlebt".*[179]

Man kann Hellmuth von Mücke als einen Vertreter des „preußischen Sozialismus" im Sinne Oswald Spenglers bezeichnen.[180] Die politische Ausrichtung des Hellmuth von Mücke in den dreißiger Jahren erinnert ein wenig an den strikten Hitler-Gegner und „Nationalrevolutionär" Ernst Niekisch, der eben-

---

176 Karlheinz Weissmann, Der Weg in den Abgrund. München 1998. S. 5.
177 Mücke, Linie. S.266.
178 Thomas Mann, Betrachtungen eines Unpolitischen. Frankfurt/Main 2001 S.274,275.
179 Weißmann, Alles was recht(s) ist. S.69.
180 Oswald Spengler, Preußentum und Sozialismus München 1919.

falls einen dritten Weg zwischen Nationalsozialismus und Kommunismus suchte.

Im Gegensatz zu Ernst Niekisch der von 1937 bis 1945 inhaftiert war, überstand Hellmuth von Mücke das Dritte Reich ohne längere Inhaftierung. Anhand seines ungewöhnlichen Lebensweg kann man die turbulenten Zeiten der zwanziger und der dreißiger Jahre gut rekonstruieren. Der Erste Weltkrieg, das Friedensdiktat von Versailles und die unglücklichen Jahre der Weimarer Republik werden heute nunmehr bedingt wahrgenommen. Der Schwerpunkt liegt bei den verhängnisvollen Jahren 1933 bis 1945 Doch gerade die unmittelbaren Folgen von Versailles, verbunden mit den hohen Reparationszahlungen Deutschlands, die Ohnmacht der verschiedenen Regierungen gegen die rechten und linken Extremisten waren eine der Ursachen für den Aufstieg Hitlers und der NSDAP. Bereits im September 1922 stieß Adolf Hitler, im besiegten Deutschland jene Drohung aus, die er 17 Jahre später in die Tat umsetzte:"

> „Es kann nicht sein, daß zwei Millionen Deutsche umsonst gefallen sind....Nein, wir verzeihen nicht, sondern fordern - Vergeltung!"[181]

Ohne dieser Vorgeschichte ist die „Deutsche Katastrophe", nämlich die Nationalsozialistische Diktatur und der Zweite Weltkrieg mit samt seinen furchtbaren Folgen, nicht zu verstehen.

Hellmuth von Mücke war in erster Linie Patriot, Idealist und durch seine Erziehung Monarchist, und Zeit seines Lebens stand er politisch „zwischen den Fronten". Für seine Überzeugung war er bereit sich bis zur Selbstbeschädigung einzusetzen. Wer an Hellmuth von Mückes Nationalbewusstsein und seine Hilfsbereitschaft appellierte, packte ihn an seiner schwächsten Stelle. Hellmuth von Mücke war nicht der Typ für Parteikarrieren und hatte kein überzogenes Verhältnis zu Macht und Geld, wie es ja heute noch in Parteien üblich ist. Da Hellmuth von Mücke von gerechter und aufrechter Gesinnung war, fiel es ihm immer wieder schwer, Lug und Trug anderer bei Zeiten zu erkennen.

Manche Enttäuschungen hat Hellmuth von Mücke hinnehmen müssen, wenn er beim Kampf um Fairness, Gerechtigkeit und nationaler Identität statt Unterstützung nur egoistischen Opportunismus vermeintlich nahestehender Kreise vorfand. Eine kühne Kaperfahrt, oder ein Marsch durch die Wüste entsprach seinen mehr seinen Naturell als die Abgründe der Politik. Was Hellmuth von Mücke in allen Jahren auszeichnete, war Mut und Verwegenheit. Zeit seines Lebens hatte Hellmuth von Mücke immer den Kontakt zu den Leuten des Landungszug gehalten. Wo er helfen konnte, tat er es. In der Inflationszeit und der Zeit der großen Arbeitslosigkeit der zwanziger und dreißiger Jahre war so manche Notlage entstanden.

---

181 John Keegan, Der Erste Weltkrieg, S.13.

In der Nachkriegszeit schickte Hellmuth von Mücke Medikamente in die sowjetische Besatzungszone. Als besonderen Affront empfand Hellmuth von Mücke dass er nicht zum ersten Treffen der „Emden -Familie" eingeladen wurde.[182]

Er vermutete dass dies mit seiner politischen Gesinnung während des Dritten Reiches zusammenhing. Einige Besatzungsmitglieder der „Emden" waren bis Kriegsende überzeugte Nationalsozialisten gewesen.

Der Lebensweg dieses tapferen Seeoffiziers, eines der berühmtesten des Ersten Weltkrieges, bezeugt beispielhaft das bittere und zwiespältige sowie tragische Schicksal des deutschen Volkes in der ersten Hälfte des 20. Jahrhunderts. Doch Hellmuth von Mücke hat sich durch seine lebenslange aufrechte Haltung und seine kühne Fahrt mit der „Ayesha" und den strapaziöse Zug durch die arabische Wüste samt erfolgreicher Heimkehr einen Platz in der Geschichte gesichert.

---

182 Die „Emden-Familie" wurde in den zwanziger Jahren von den Überlebenden des Kreuzers Emden gegründet. Mannschaften und Offiziere führten jährliche Treffen durch. Bereits 1920/21 hatte die preußische Regierung verfügt, daß alle preußischen Überlebenden des Kreuzers auf Antrag zu genehmigen sei, die Bezeichnung „Emden" als Zusatz zu ihren Familiennamen zu führen. Nach dem Zweiten Weltkrieg wurde die Tradition der „Emden-Familie weitergeführt. Mittlerweile ist bereits die dritte Generation in der „Emden-Familie" aktiv Auch im Internet ist der Verein mit einer eigenen Heimseite vertreten.(www.emden-familie.de) Vgl, Beer, Debelius, S.145-154.

ZEITTAFEL

1881
Hellmuth von Mücke wird am 25. Juni als zweiter von drei Brüdern im sächsischen Zwickau geboren.

1886
Tod des Vaters, Curt von Mücke.

1900
Hellmuth von Mücke wird Seekadett in der kaiserlichen Marine.

1903
Beförderung zum Leutnant zur See.

1912
Beförderung zum Kapitänleutnant.

1914
Versetzung auf eigenen Wunsch zum Ostasiengeschwader. Zuerst Navigationsoffizier, seit Frühjahr Erster Offizier des Kleinen Kreuzers „Emden". Nach Kriegsausbruch Kaperfahrt auf der Emden" und „Ayesha".

1915
Kommandant des Landungszug durch Arabien und Ankunft in Konstantinopel. Die beiden Erlebnisbücher „Emden" und Ayesha" erscheinen und erzielen riesige Auflagen. Im Juni heiratet Hellmuth von Mücke Carla Finke.

1916
Kommando bei der Euphrat Flussabteilung in Mesopotamien.

1917
Einsatz bei der Donauflottille am Balkan.

1918
Matrosenrevolte in Wilhelmshaven. Hellmuth von Mücke scheidet aus der kaiserlichen Marine im Rang eines Korvettenkapitän aus.

1919

Eintritt in die Deutsch-Nationale Volkspartei. Austritt aus der Partei und Gründung des Mücke Bundes.

1920

Beteiligung am Kapp-Putsch in Berlin.

1921

Eintritt in die NSDAP. Erstes persönliches Zusammentreffen mit Adolf Hitler.

1922

Erste Vortragsreise in die Vereinigten Staaten.

1923

Zweite Vortragsreise in die USA. 9. November Hitler Putsch in München.

1925

Hellmuth von Mücke wird Fraktionsvorsitzender der NSDAP in Ostsachsen.

1926

Überarbeitete Neuauflage von den Büchern „Emden" und „Ayesha. Publizist im „Völkischen Beobachter".

1927

Helmuth von Mücke zieht als Landtagsabgeordneter der NSDAP in den sächsischen Landtag ein.

1929

Parteikrise in Sachsen. Helmuth von Mücke legt sein Abgeordnetenmandat nieder und tritt aus der NSDAP aus.

1930

Hellmuth von Mücke tritt als Redner und Publizist gegen Hitler mehrmals auf.

1931

Linie I erscheint im Edelgarten Verlag.

1932

Zusammenarbeit mit Nationalbolschewistischen Kreisen.

1933

30. Jänner Machtübernahme Hitlers in Deutschland. Hellmuth von Mücke erhält Schreib- und Redeverbot. Rückzug in die innere Emigration.

1937

Hellmuth von Mückes Versuch nach Griechenland oder Chile zu emigrieren wird von den Nationalsozialisten abgelehnt.

1938

Kurze Inhaftierung im Gestapo Gefängnis von Fuhlsbüttel.

1939-1945

Zweiter Weltkrieg. Die freiwillige Meldung Hellmuth von Mückes zur Kriegsmarine wird wegen politischer Unzuverlässigkeit abgelehnt.

1948

Hellmuth von Mücke wird als Verfolgter des NS Regimes anerkannt, erhält aber keinerlei Entschädigung. Beitritt zur VVN.

1950

Verschiedene Tätigkeiten in der Weltfriedensbewegung.

1952

Hellmuth von Mücke tritt dem nationalrevolutionären Bund der Deutschen bei.

1955

Die Bundesrepublik Deutschland tritt der NATO bei. Hellmuth von Mücke tritt leidenschaftlich gegen die „Remilitarisierung" der BRD auf.

1957

Hellmuth von Mücke wird vor dem 6. Strafsenat des Bundesgerichtes vorgeladen. Am 30. Juli 1957 stirbt Hellmuth von Mücke im Alter von 76 Jahren an Herzversagen in Ahrensburg/Schleswig-Holstein.

5. QUELLEN- UND LITERATURANGABEN

Ungedruckte Quellen

Amtliche Akten und Unterlagen im Bundesarchiv/Militärarchiv, Freiburg /Breisgau:

BA-MA RM 2/ 837 Auszüge aus den Qualifikationsberichten über Seeoffiziere vom Kapitänleutnant abwärts (Mikrofiche).

RM 99/605 Kriegsakten S.M.S. „Ayesha"

RM 40/ v. 661 Akte betreffend Rückkehr des Landungszuges S.M.S. „Emden" (Ayesha) über Konstantinopel.

Familienbesitz Dirk von Mücke:

Rittergut und Reichsadelstand für die Familie von Mücke. Dokumente zur Familiengeschichte.

Gedruckte Quellen

Hellmuth von Mücke, „Emden,Ayesha". Berlin 1915.

Hellmuth von Mücke, Ayesha. Berlin 1915.

Hellmuth von Mücke, Emden. Berlin 1915.

Hellmuth von Mücke, Ayesha. The Adventures of the Landingssquad of the Emden. Boston 1917.

Hellmuth von Mücke, Emden. (überarbeitete und erweiterte Neuauflage) Berlin 1926.

Hellmuth von Mücke, Ayesha, (überarbeitete und erweiterte Neuauflage) Berlin 1926.

Hellmuth von Mücke, Linie I. Rückblicke persönlicher und politischer Art auf das letzte Jahreszwölft der Republik.

Band 1: Revolution, Nationalsozialismus und Bürgertum. Beuern/Hessen 1931.

Ein Briefwechsel Hellmuth von Mückes, in: Völkischer Beobachter vom 29/30 August 1926, S.1.

Kapitän von Mücke an den Amerikaner Chamberlin, in : Völkischer Beobachter vom 19/20.Juni 1928, S.1.

Literatur

Arnold Brecht, Mit der Kraft des Geistes. Lebenserinnerungen zweite Hälfte 1927-1967. Stuttgart 1967.

Karl Theo Beer, Helmuth Debelius, S.M.S. Emden. (2. Aufl.) Hamburg 2001.

Ezra Bowen, Kampfflieger des Ersten Weltkrieges. Eltville am Rhein 1993.

Louis Dupeux, Nationalbolschewismus in Deutschland 1919-1933. München 1985.

Gottfried Behrmann Fischer, Bedroht- Bewahrt. Der Weg eines Verlegers. Frankfurt am Main 1969.

Walter Flex, Der Wanderer zwischen beiden Welten. Kiel 1986.

Nicholas Goodrick-Clarke, Die okkulten Wurzeln des Nationalsozialismus, Graz 1997.

Hitlers Reden, Schriften, Anordnungen Februar 1925 bis Januar 1933. Band III

Juli 1928- Dezember 1929, hg. vom Institut für Zeitgeschichte, München 1994.

Walter Heichen, Helden der See. Berlin o.J.

Peter Hopkirk, Östlich von Konstantinopel. Wien-München 1996.

Heinz Höhne, Gebt mir vier Jahre Zeit. Hitler und die Anfänge des Dritten Reiches. Berlin 1999.

John Keegan, Der Erste Weltkrieg. Hamburg 2001.

John Keegan, Die Kultur des Krieges. Hamburg 2001.

Gerhard Koop, Die deutschen Segelschulschiffe. Bonn 1989.

Reinhard Kühnl, Die Nationalsozialistische Linke 1925-1930. Marburg 1966.

Viktor Lauerrenz, Deutschland zur See. Bilder aus dem deutschen Kriegsschiffleben. Berlin o.J.

Reinhard Karl Lochner, Die Kaperfahrten des Kleinen Kreuzers Emden. München 1980.

Hermann Lorey, Der Krieg in den türkischen Gewässsern Band I. Die Mittelmeerdivision, hg vom Marinearchiv, Der Krieg zur See Berlin 1928.

Alfred Thayer Mahan, Der Einfluß der Seemacht auf die Geschichte 1660-1812.. Hamburg 1967.

Golo Mann, Deutsche Geschichte des 19.und 20. Jahrhunderts. (7.Aufl.) Frankfurt am Main 2000.

Thomas Mann, Betrachtungen eines Unpolitischen. Frankfurt am Main 2001.

Werner Maser, Der Sturm auf die Republik. Düsseldorf 1994.

Hans Otto Meissner, 30. Jänner 1933. Hitlers Machtergreifung. Esslingen 1979.

Armin Mohler, Die Konservative Revolution in Deutschland 1918-1932 (5. Aufl.) Graz 1999.

Herbert Londolin -Müller, Islam gihad. Heiliger Krieg und Deutsches Reich. Ein Nachspiel zur wilhelminischen Weltpolitik im Maghreb 1914-1918. Frankfurt am Main 1991.

Hans Werner Neulen, Feldgrau in Jerusalem. Das Levantekorps des kaiserlichen Deutschland. München 1991.

Oskar Ritter von Niedermayer, Im Weltkrieg vor Indiens Toren. (3.Aufl.) Berlin 1936.

Karl Parz, Der Kommandant der Emden. Berlin 1939.

Alan Palmer, Verfall und Untergang des Osmanischen Reiches. München 1997.

Erich Raeder, Der Kreuzerkrieg in den ausländischen Gewässern
2. Band. Die Tätigkeit der Kleinen Kreuzer Emden, Königsberg und
Karlsruhe. Berlin 1923.

Oskar Regel, Der Kampf um die Donau 1916. Potsdam 1940.

Walter Schaumann, Peter Schubert, Krieg auf der Donau. Die Geschichte der
k.u.k. Donauflottille. Klosterneuburg-Wien o.J.

Bobby Schenk, Astronavigation, ohne Formeln -praxisnah. Bielefeld 1983.

Ernst von Salomon, Der Fragebogen. Hamburg 1999.

Matthias Schreiber, Martin Niemöller. Hamburg 1997

Otto Ernst Schüddekopf, Nationalbolschewismus in Deutschland
1918-1933. Frankfurt am Main 1972.

Gerhard Schulz, Aufstieg des Nationalsozialismus.
Frankfurt am Main 1976.

Oswald Spengler, Preußentum und Sozialismus. Berlin 1919.

Desmond Steward, Lawrence von Arabien. Düsseldorf 1991.

Karlheinz Weißmann, Alles was recht (s) ist. Ideen,Köpfe und Perspektiven
der politischen Rechten. Graz-Stuttgart 2000.

Karlheinz Weißmann, Der Nationale Sozialismus. München 1998.

Heinrich August Winkler, Weimar 1918-1933. Die Geschichte der ersten
deutschen Demokratie, München 1993.

Claus Wolfschlag, Hitlers rechte Gegner. Gedanken zum nationalen Widerstand. Engerda 1995.

Nachschlagwerke

Neue Deutsche Biographien (NDB),Band 17 und 18, hg. von der Historischen Kommission bei der bayrischen Akademie der Wissenschaften. Berlin 1994.

dtv-Atlas Weltgeschichte Band 2. Von der französischen Revolution bis zur Gegenwart. (31. Aufl.) München 1997.

Zeitungen

Neue Freie Presse, vom 17. Mai 1915.

Neue Freie Presse, vom 25.Mai 1915.

Internet

www.rennersdorf.de

www.emden-familie.de

htttp://fgs-emden.de

ABBILDUNGEN

Hellmuth von Mücke (1881-1957)   Hellmuth von Mücke mit Gattin Carla 1915

Mit Dampfpinasse und Kuttern begibt sich der Landungszug
auf den im Hintergrund befindlichen Schoner „Ayesha".

Der Landungszug im deutschen Konsulat in Damaskus.

Ankunft des Landungszuges auf dem Bahnhof Haidar-Pascha.

Der Empfang auf der Serailspitze in Konstantinopel. Im Vordergrund Kapitänleutnant von Mücke, links neben ihm Admiral Souchon.
Rechts im Hintergrund Enver Pascha.